ピッチング
完全版

監修 平野裕一
法政大学スポーツ健康学部教授

成美堂出版

本書の特長

特長1 科学・技術・身体の多角的アプローチでピッチングが生まれ変わる！

本書ではピッチングを向上させるため必要な知識を、主に科学・技術・身体という3つの視点で解説しています。「科学的にバックスピンがかかり球速が上がりやすい投げ方」や、「コントロールが身につく技術的なコツ」、「投球の土台をつくる関節可動域ストレッチ＆トレーニング」など、ピッチングの正解に多角的アプローチをすることで、野球をはじめたばかりの初級者や伸び悩んでいる中級者、または指導者まで、幅広い層にとって有意義な一冊になっています。

投球の正解に多角的アプローチ

あらゆるレベルの投手が向上できるように、科学・技術・身体の3つの視点で解説しています。

特長2 トップ選手の試合写真でリアルな動きを確認できる！

本書で試合写真が随所に掲載されています。トップ選手の「並進運動」や、「腕の振り」、「下半身の使い方」など、普段はなかなか見ることのできないシーンをみくらべることで、自分に足りないところや、似ているところなど、新たな気づきが生まれることでしょう。

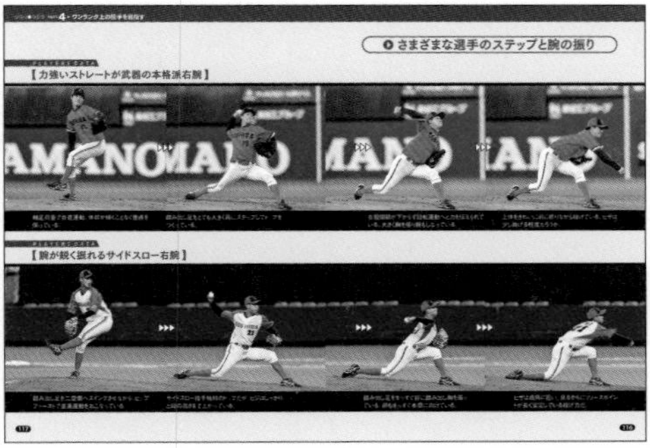

本書では多くのトップ選手のスイングの一コマを比較しながら見ることができます。

特長3 関節可動域ストレッチ&トレーニングで投手の基礎力を底上げ！

投球動作をくり返せば、肩関節や肘関節に負荷がかかるので、これらの関節は緩めて可動域を広げます。一方、投球の土台となる足や膝関節、または股関節は締めて安定性を高めます。このように投球動作では、関節ごとに求められるものが違うので、本書ではそれぞれの関節を最適化させるためのストレッチとトレーニングを紹介しています。

トレーニング監修は、多くのプロ野球選手の自主トレ帯同経験のあるトレーナーが務めています。

本書の使い方

▼

使い方　1見開き1テーマで技術を徹底解説！

掲載写真のテーマはここに掲載しています。

この見開きで解説している動作のなかで重要なことを、一言で「POINT」として掲載しています。

見開きで最も重要なことはここに掲載しています。

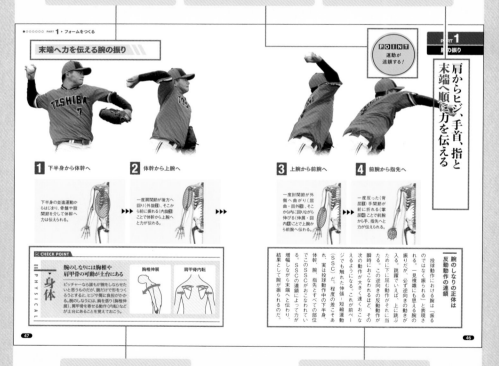

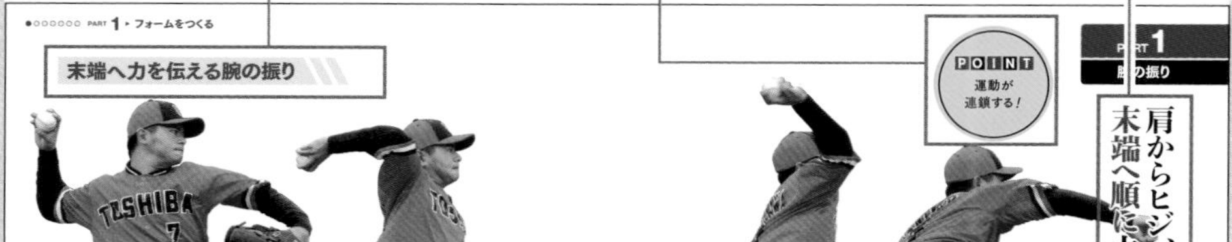

主に科学・技術・身体のいずれかの視点で、この見開きで重要なポイントを補完しています。

このテーマの説明が書かれています。

各章の内容

PART1 フォームをつくる

自分に合ったフォームが見つかる！

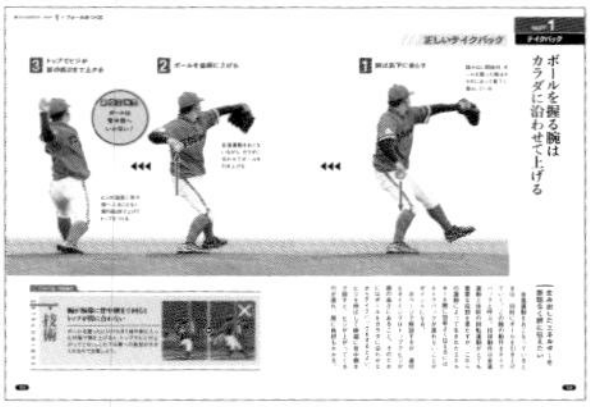

投球動作を時系列で解説しています。地面反力をいかした投球動作を見つけましょう。

PART2 けん制球の投げ方

けん制球の投げ方はココで確認！

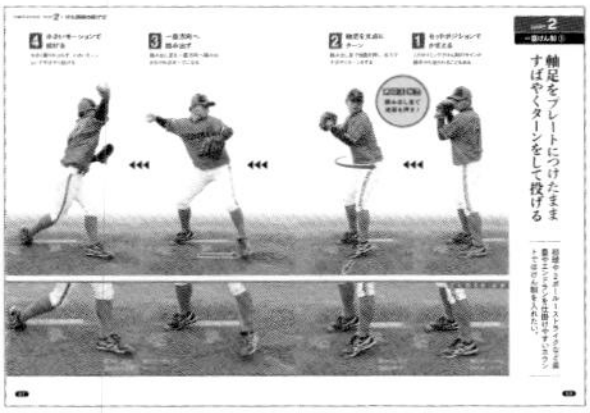

各塁へのけん制球の投げ方、ボークやクセについての注意点を解説しています。

PART3 変化球の握り

トップ選手の握りがわかる！

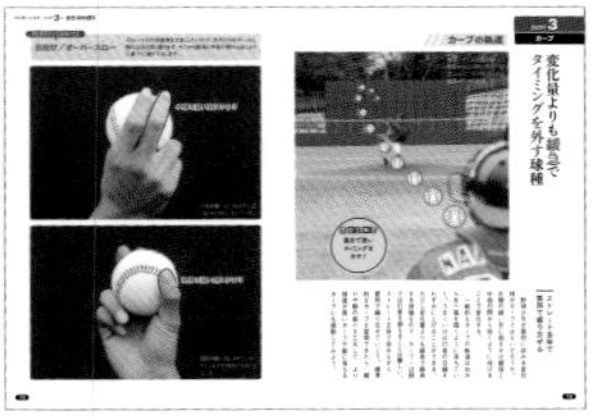

代表的な変化球の握りを選手のコメントとともに紹介しています。

PART4 ワンランク上の投手を目指す

さらなるステップアップを！

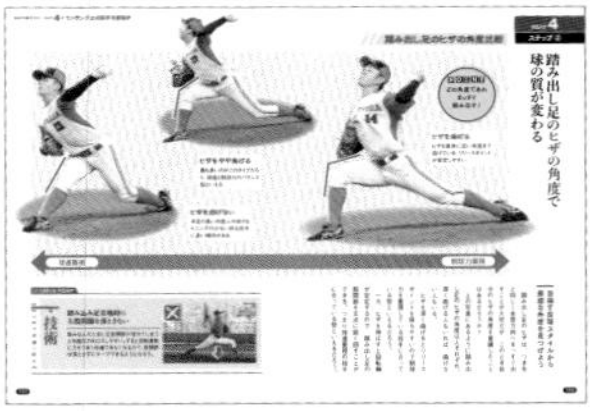

さらにステップアップするために、身につけておきたい大切な動作を解説しています。

PART5 状況別投球後の投手の動き

投球後の投手の動きはココで確認！

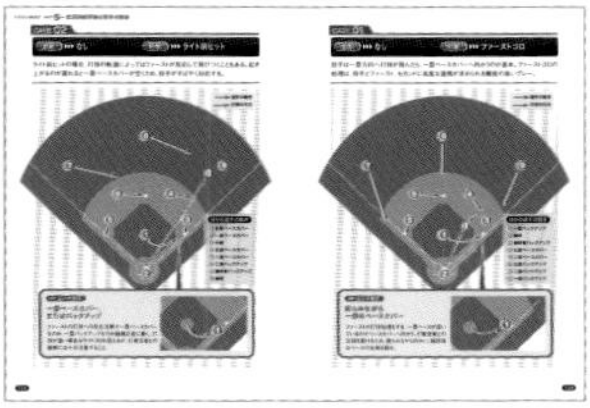

投球後の投手の動きとしてスタンダードなパターンを解説しています。

PART6 ピッチング弱点克服ドリル

弱点を克服する！

練習ドリルを紹介しています。自分の弱点が克服できるようなものがあれば取り組んでみてください。

PART7 投手のための可動域ストレッチ＆トレーニング

基礎力を底上げする！

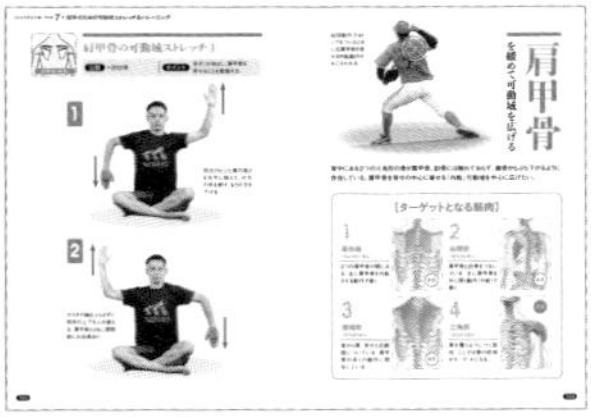

投手にとって大切な肩やヒジといった関節周りのメンテナンスを解説しています。

CONTENTS
ピッチング完全版

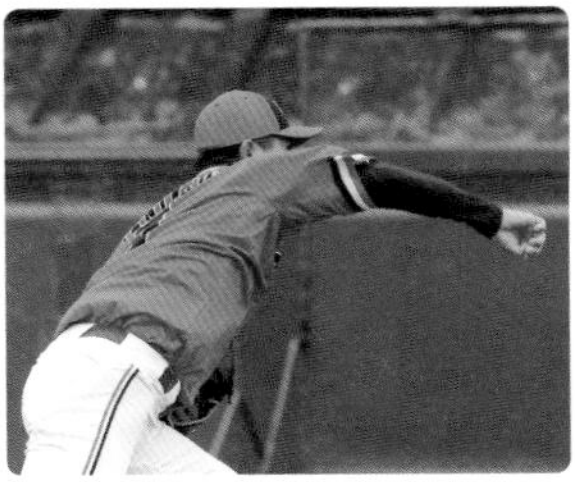

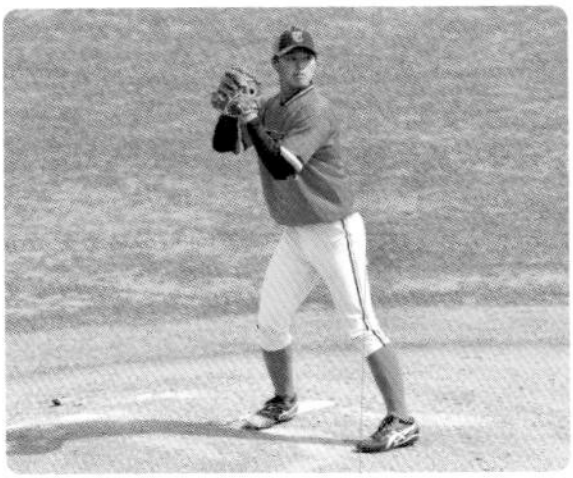

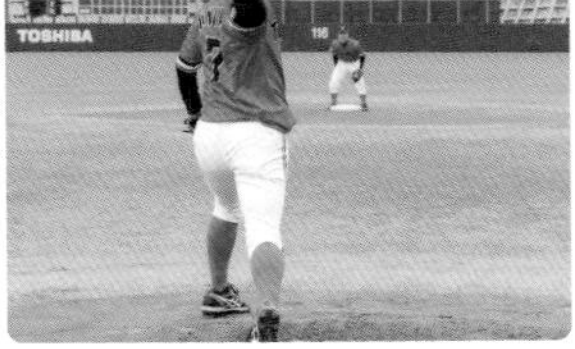
TOSHIBA

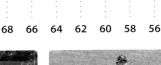

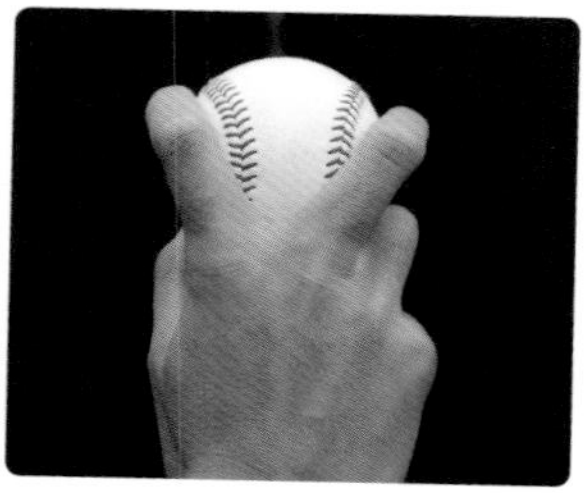

PART 5 状況別投球後の投手の動き …… 121

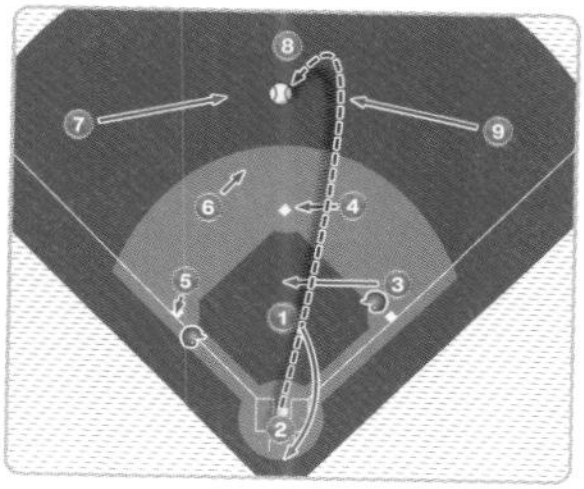

8
7
9
6
4
5
3
1
2

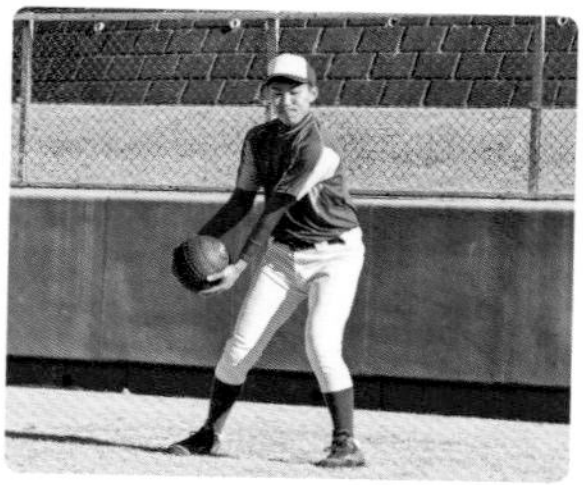

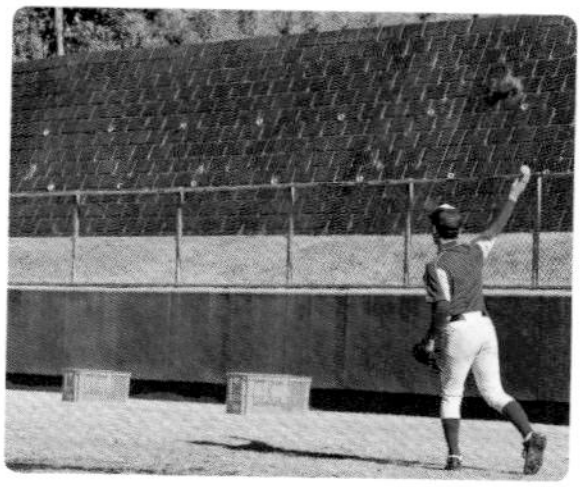

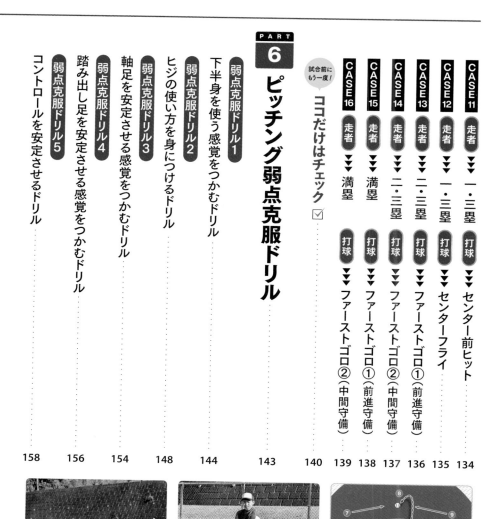

PART 7

COLUMN

配球のセオリー

OPENING

ピッチングの原動力

ボールを投げる力は地面からもらう!

速いボールを投げようとして腕が力むことがある。たいていそのようなときの球速はイマイチだ。力みがないときの方が速いボールを投げられるというのは、投手なら誰もが経験するところだ。そのようなことから、単純に腕力があれば速い球を投げられるというわけではないことを、投手は皆知っている。では、ここでいうボールを投げる力を地面からもらうとはどういうことだろうか?　オープニングでは投手と地面の関係について解説する。

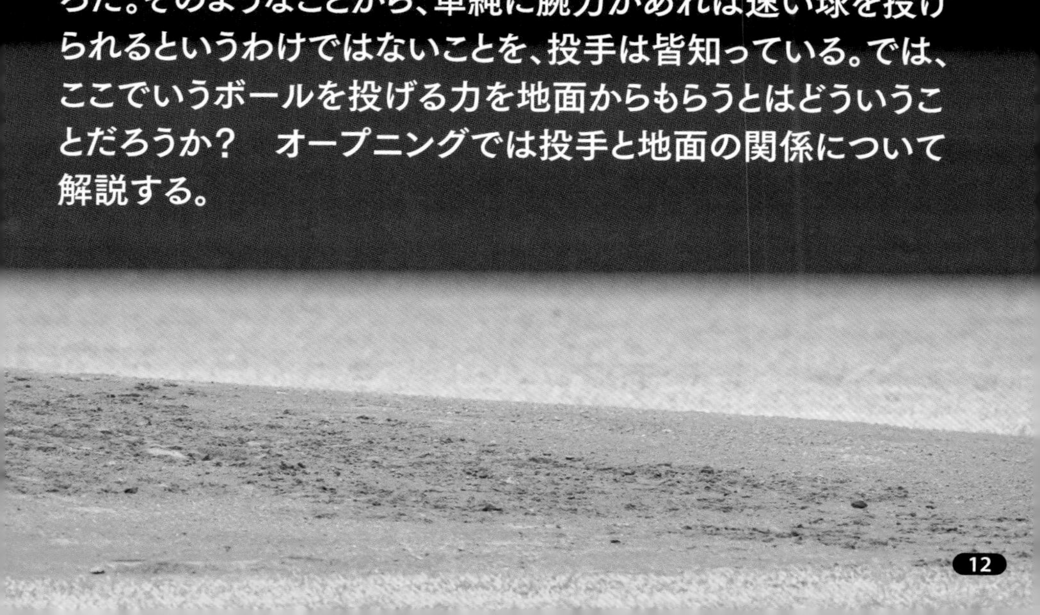

7

地面を踏み込めば反力が返ってくる！

自分が歩いているときのことを想像してみよう。地面を踏み込むと、次の瞬間、反対の足は自然と前へ出るはずだ。これは地面を踏み込むことで、斜め上向きの力を得ているからである。

ヒント①

人は地面を踏み込むことで前へ進む力を得ている！

▶▶▶ 母指球で踏めば効率よく反力を受けられる

母指球とは、足の裏の親指つけ根付近にあるふくらんでいる場所。かかと側ではなく、この母指球を中心に踏み込むと、踏む力を効果的に使うことができ、効率よく地面反力を得ることができる。

ヒント②

地面を強く押せば跳び上がることもできる！

まとめ

人が地面に力を加えると、反対方向への力を地面から受けることができる。

これを地面反力と呼ぶ。

ピッチングではこの地面反力を利用することで、速いボールを投げられるようになる！

ピッチングの原動力②

ピッチング動作では主に2つの地面反力が原動力になっている

ピッチング動作の連続写真に、地面反力の矢印を入れた。踏み出し足でかるく踏み、引き上げて軸足1本で立つ。そこから二塁方向へ軸足で踏み込み並進運動をおこなう地面反力を得る。さらに踏み出し足を前に着き、回転運動の軸をつくる地面反力を得ている。

踏み出し足を小さく踏み込み、地面反力を得て足を上げる。

踏み出し足に体重を乗せ、上体を前傾させてボールをリリースする。

投げ終わったら踏み出し足に体重がすべて移る。

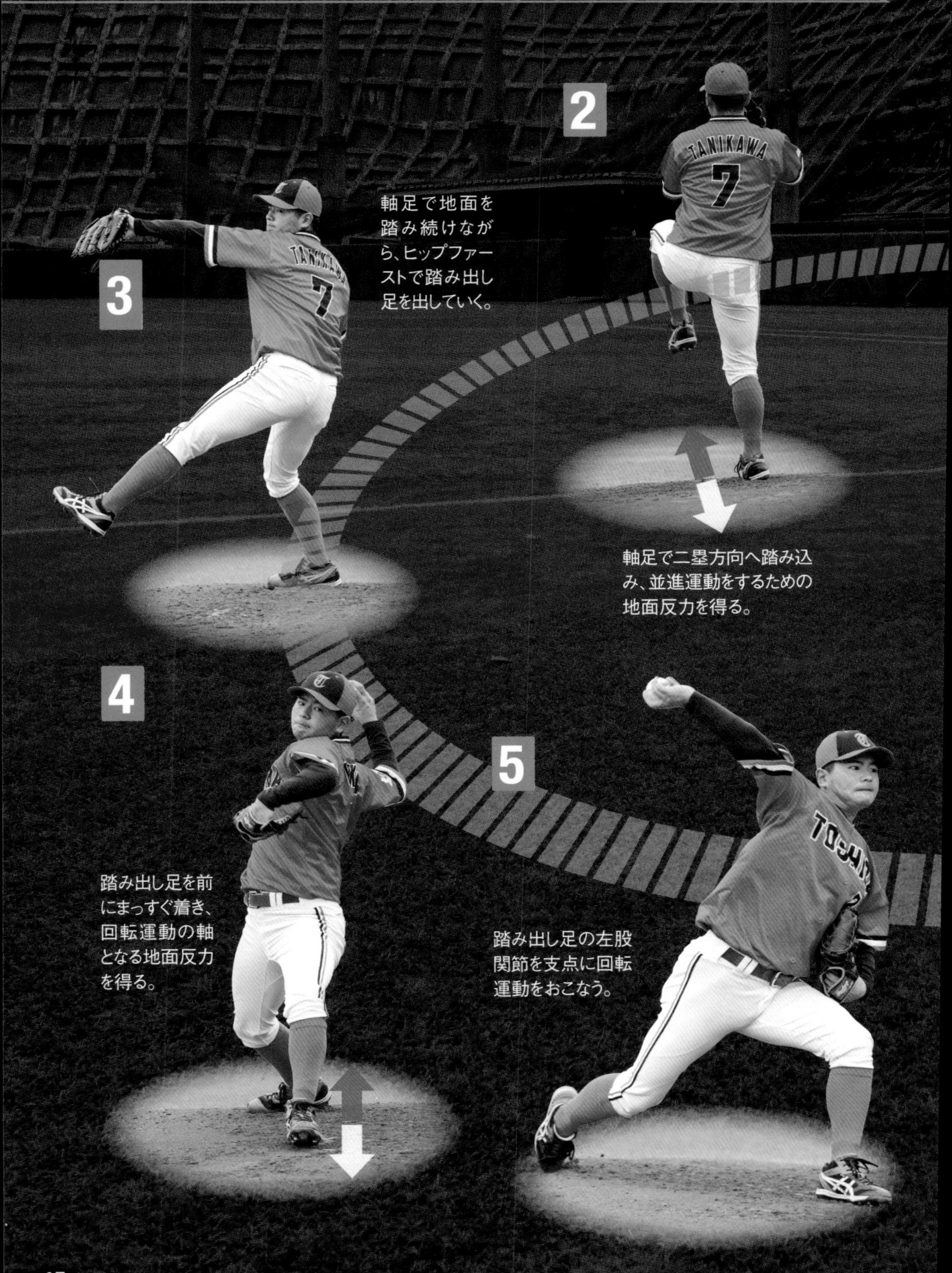

2

軸足で二塁方向へ踏み込み、並進運動をするための地面反力を得る。

3

軸足で地面を踏み続けながら、ヒップファーストで踏み出し足を出していく。

4

踏み出し足を前にまっすぐ着き、回転運動の軸となる地面反力を得る。

5

踏み出し足の左股関節を支点に回転運動をおこなう。

ピッチングの原動力③

二塁方向へ踏み込むことで本塁方向への地面反力を得る

ピッチング動作では、2つの重要な地面とのやり取りがある。1つはここで紹介する軸足の二塁方向への踏み込み。これによってお尻から前に出す並進運動の力を得る。

本塁方向へ並進運動をする動力が得られる

▼

一見すると脱力して立っているようにも思えるが、実は軸足の母指球で二塁方向へ地面を押し続けている。これによって骨盤を地面と平行に保ちながら踏み出す「並進運動」をおこなうための動力が得られる。

並進運動中のヒザは三塁側に向ける

母指球に効率よく体重をかけるに
軸足のヒザが三塁側を向いた状
保つこと。軸足の内もも（内転筋
意識しながらおこなうとよいだろう

ヒザが本塁側へ入ると並進運動がしづらい

軸足の内もも（内転筋）がうまく使
いとヒザが本塁側へ入ってしま
れでは重心が下がりやすく、並進
がしづらくなる可能性がある。

ピッチングの原動力④

踏み出し足が得る地面反力が回転運動を加速させる

ピッチング動作でもう1つ重要な地面とのやりとりは、この踏み出し足のステップ。まっすぐ本塁方向へ着き、地面反力を得ることで、踏み出し足が回転運動の軸となる。

この地面反力が回転運動の軸をつくる

着地した踏み出しみ足で地面を強く押すことで、上方向への地面反力が得られる。これによって「前足のカベ」ができ、回転軸がつくられる。そして踏み出し足の股関節を支点とした回転運動がはじまる。

踏み出し足着地時のヒザとつま先の向きは本塁側

ピッチングの回転運動は、踏み出し足の股関節が支点になる。つまり踏み出し足が軸ともいえる。この軸を保つには踏み出し足着地時のヒザとつま先を本塁に向けて踏み出す必要がある。

ひざやつま先が斜めになると回転軸ができない

ヒザが外を向いてしまう投手は多い。これでは地面反力をロスしてしまい、強固な回転軸ができず腰を鋭く回すことが難しい。またカラダが早期に開きがちになる。

COLUMN

配球のセオリー ①

カウントと打率は相関関係にある

配球を考えるうえで知っておきたいことは、カウントと打率には相関性があるということ。具体的には、ストライクカウントが増えるほど打率は下がり、ボールカウントが増えるほど打率は上がる。

いわれてみれば当然のことだが、0ボール2ストライクの状況では、打者は見逃せば三振になってしまうため、少々きわどいコースでも振ってくる。そのため芯でとらえることができずに凡打になるケースが多い。

逆に3ボール0ストライクでは、投手はストライクを取らなければファーボールになってしまうため、打者にとっては打ちごろとなっても甘いコースに投げざるを得ない。

よくテレビで「バッティングカウント」というフレーズを耳にする。明確な定義があるわけではないが、2ボール1ストライクや、2ボール0ストライクを指すことが多い。投手としては3ボールにすることは避けたいので、ストライクを投げたくなる心理をついた表現だろう。

このようなことからも、投手としては常にストライクカウントを優先させ、不要なボール球を減らす投球をすることが大切になる。

PART

1

フォームをつくる

基本的な投球動作を解説する。すべての動作のベースになるものなので、くり返し練習をして自分のものにしよう。ポイントは地面を踏み込み、並進運動と回転運動を正しくおこなうことだ。

ボールの握りから投球フォームを時系列で習得していこう

1 ボールの握り①、②

P26,28へGO!

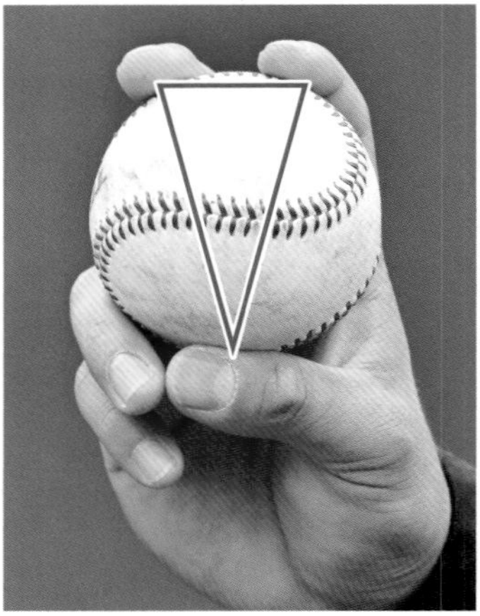

ストレートの握りを解説。人差し指と中指の距離を調整して自分に合った握りを見つけよう。

2 プレートの使い方

P30へGO!

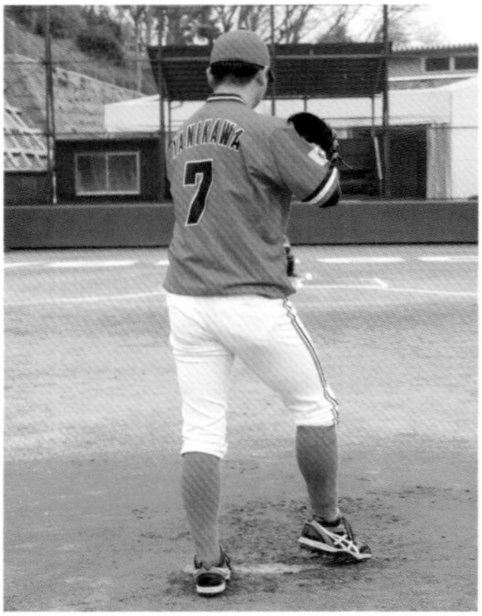

ワインドアップ時のプレートの使い方を解説。ぶれを抑えたプレートの踏み替えを身につけよう。

5 テイクバック

P38へGO!

テイクバックを解説。ポイントはカラダに沿わせてボールを上げること。

6 トップ

P40へGO!

トップ時のヒジの高さを解説。肩に負担をかけないヒジの使い方を身につけよう。

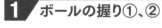

3 軸足で立つ

P32へGO!

投球動作はこの姿勢保持からはじまる。地面反力を意識しておこなう。

4 ステップ①、②

P34,36へGO!

お尻から前に出して並進運動を意識する。また踏み出し足は本塁へまっすぐ踏み出す。

7 体幹の回転

P44へGO!

踏み出し足着地後の体幹の回転を解説。腰の回転を肩の回転が追い越していく動きを身につけよう。

8 腕の振り

P46へGO!

加速する腕の振りを解説。反動動作を意識して下半身から指先までの運動連鎖を身につけよう。

3本の指で二等辺三角形をつくる

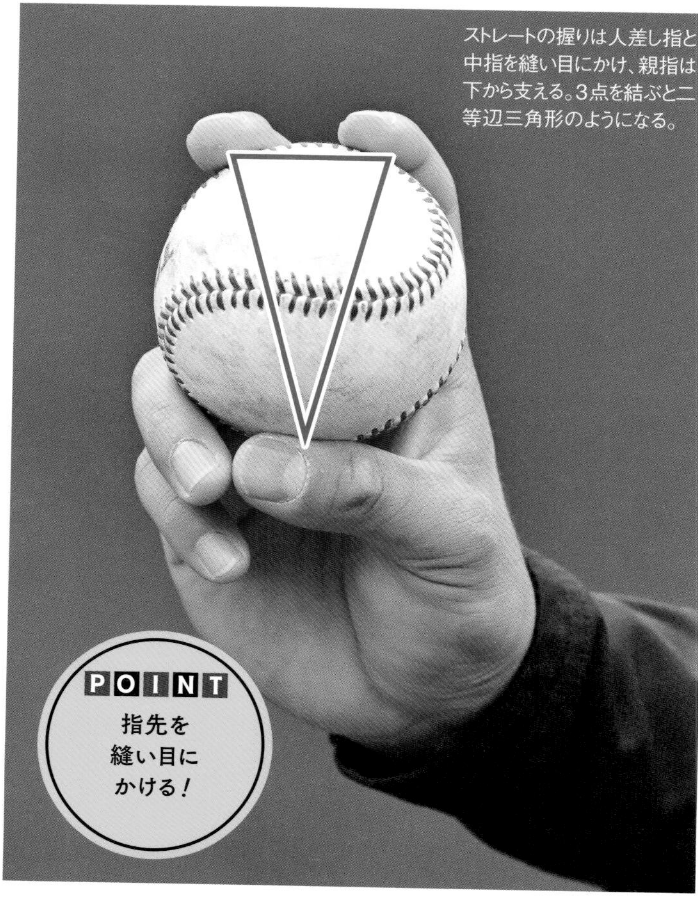
POINT
指先を
縫い目に
かける！

ストレートの握りは人差し指と中指を縫い目にかけ、親指は下から支える。3点を結ぶと二等辺三角形のようになる。

親指でボールの中心を下から支え回転を安定させる

バックスピンがかかる握りを身につける

バックスピン量が高いほどストレートのノビは増す。そのためには縫い目にかけた人差し指と中指の腹でボールを切るようにリリースすること。

このとき、見落とされがちだが下から支える親指にも注意を払いたい。親指がボールの中心からずれているとボールが横に流れてしまうので、きれいなバックスピンがかからない。慣れるまでは毎回握りを確認し、無意識でもボールの中心を支えられるようになろう。

また、手のひらがボールに触れているとバックスピンがかかりづらいので、ボールは浅く握ることもポイントになる。

○

手のひらとボールにすき間がある

バックスピンをかけるには、手のひらとボールの間にすき間を空けて、指先でかるく握る。

×

手のひらがボールについている

手のひらをベタッとつけてしまうと、リリース時に指先でバックスピンをかけづらい。

☑ CHECK POINT

SCIENCE

科学

ボールの回転軸を限りなく水平に近づけたい

純粋なバックスピンをかけて揚力を最大限に得ようとしたら、回転軸が地面と水平、投球方向と垂直になる必要がある。だが、どんなピッチャーでも水平にすることは難しく、一般的には20～30度傾くといわれている。

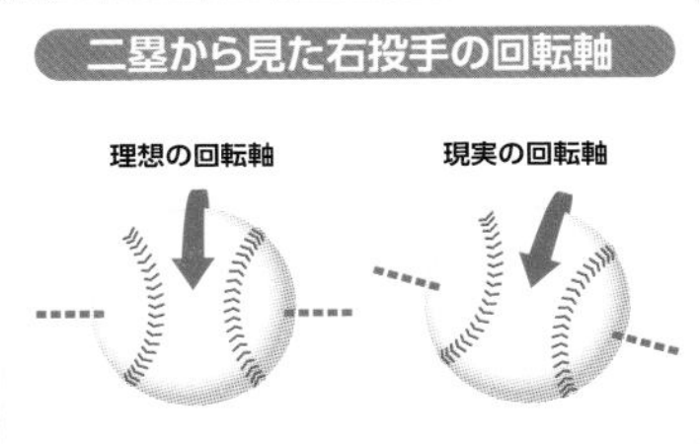

スピン量は縫い目にかけた2本の指の距離で調整

人差し指と中指の距離の違い

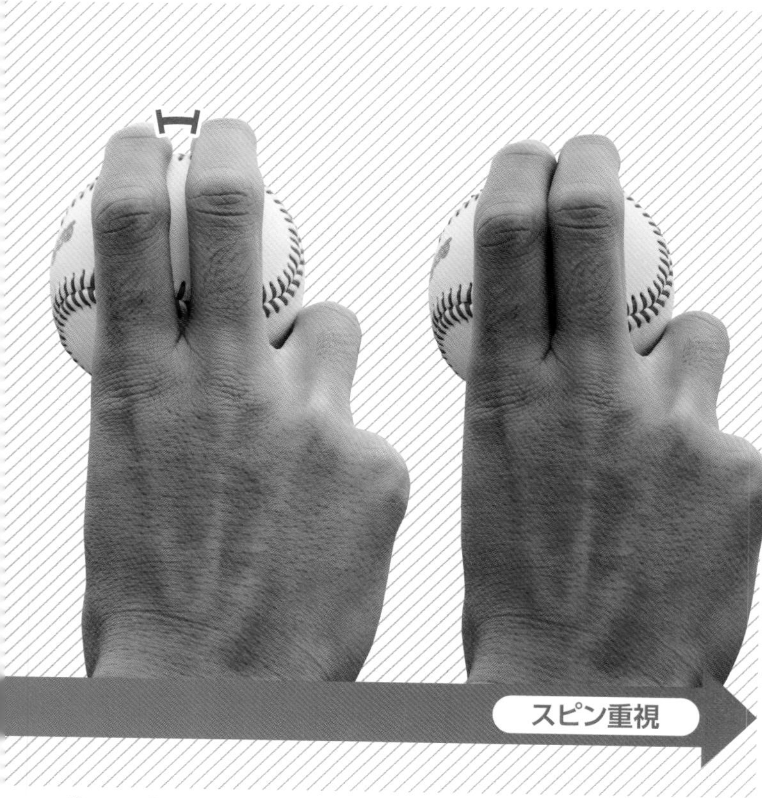

指0.5本分ほど空ける
スピン量をやや重視したバランスのよい握り。採用する投手は多い。

指同士をくっつける
シュート回転しやすくなるが、最もバックスピンがかかる。

自分が目指すべき投球スタイルは何か

投手のスタイルは速球を武器にした「速球派」と、制球力を武器にした「技巧派」にわけられる。このスタイルの違いは、ストレートの握りにも現れやすい。なぜなら縫い目にかける人差し指と中指の距離によって、ボールのバックスピン量やコントロールが変わるからだ。

2本の指の間隔が狭ければボールにバックスピンがかかりやすく、速球派に見られるノビのあるストレートになりやすい。

一方、間隔が広がればスピン量は落ちるが左右へのぶれが少なくなりコントロールが安定しやすい。つまり技巧派に寄った握りといえる。

POINT

指1本分広げた握りを基本に、自分の握りを見つけよう！

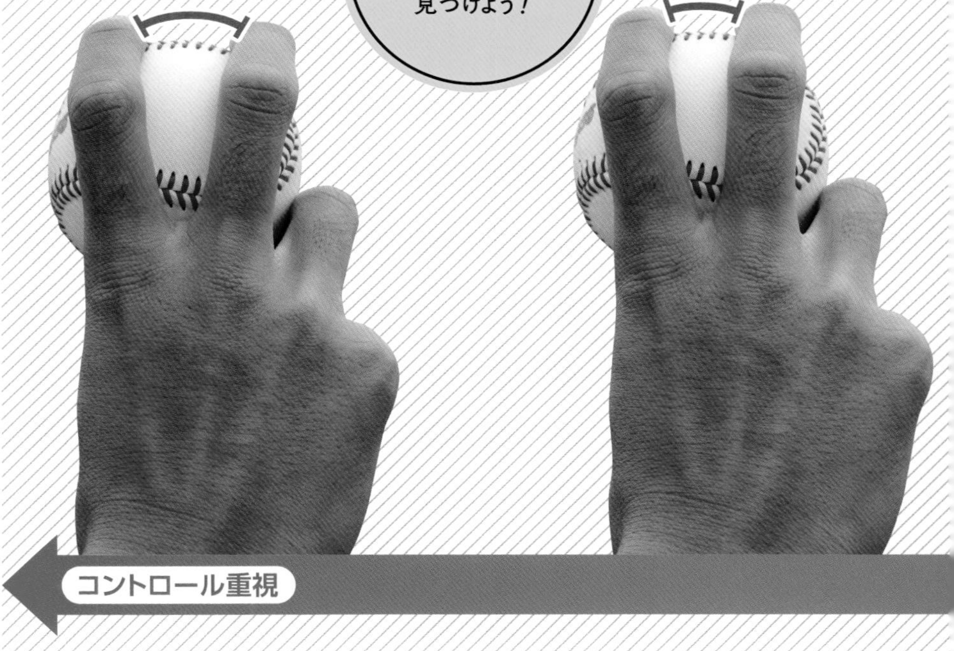

指1.5本分ほど空ける

ボールのスピン量を犠牲にしてでも
コントロールを重視した握り。

指1本分ほど空ける

ややコントロールを重視した握り。
これもバランスのよい握り。

☑ CHECK POINT

SCIENCE

科学

バックスピンが強くかかった「よいストレート」とは?

よいストレートとは、バッターの手元でボールが浮き上がるような球。実際には浮き上がることはないが、バックスピンが強くかかると、揚力が働き球は落ちづらくなる。そのためバッターが予想した軌道よりも落ちてこず、浮き上がったように見える。

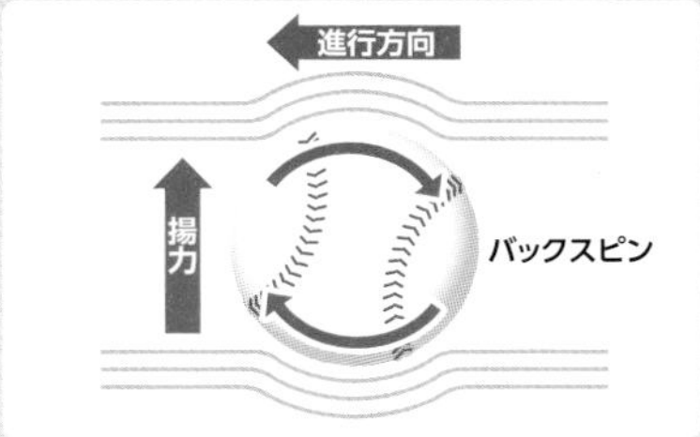

ノーワインドアップ時のプレートの使い方

あらかじめ斜めにセットして動きを最小限に抑える

1 軸足を斜めにセットする

踏み替え動作を抑えたいのであらかじめ軸足を斜めにセット。

POINT
先に軸足を
斜めに！

2 軸足のかかとを上げて踏み替え

踏み出し足に荷重し、軸足のかかとを上げて踏み替える。

踏み替えスムーズなら投球動作も安定する

走者がいないときは、投球動作に時間がかかっても威力のあるボールを投げようと、足を前後に開き並進運動に勢いをつける投げ方をする投手は多い。

このとき腕を頭の上まで振りかぶるのをワインドアップ投法と呼び、腕を上げないのをノーワインドアップ投法と呼ぶ。近年は腕の動作を抑えた後者を採用する投手が目立つ。

どちらもプレートの使い方は基本的に同じ。注意点は後ろに下げた踏み出し足で地面を蹴り上げないこと。カラダの軸がぶれやすくなってしまう。足は静かに上げ、プレートはスムーズに踏み替えることを意識しよう。

3 軸足をプレートに沿わせる

軸足を真横に向け、プレートに沿わせて立つ。

4 軸足の母指球で踏み込む

意識としては二塁側へ踏み続け、並進運動の地面反力を得る。

5 本塁に向けてまっすぐ踏み出す

踏み出し足のつま先とヒザを本塁に向けてまっすぐ踏み出す。

☑ CHECK POINT

TECHNIQUE

技術

プレートを蹴り上げずに押し続ける

踏み出し足を前に出しているときの軸足は、地面を蹴って跳ぶのではなく、地面を押し続けている。これによって並進運動を長くとることが可能になる。

股関節に体重を乗せて軸足の母指球で踏ん張る

×　踏ん張れず体幹が傾く

「股関節に体重を乗せる」感覚がつかめないと安定して立つことは難しく、二塁側や背中側へ傾きやすい。

股関節がハマる感覚を身につけたい

軸足でまっすぐ立つことが投球動作のスタートライン。ポイントは股関節に体重を乗せる感覚をつかむこと。軸足の股関節を少し曲げたときに、カラダが安定するポイントを見つけたい。「股関節がハマる」と表現する人もいるが、この感覚が野球に限らず、スポーツでは重要。

　また、母指球で地面を踏み込み、地面反力を受け取ることも忘れてはいけない。この上向きの力がカラダの安定に大きく貢献する。そのうえで母指球の上にヒザ、股関節、頭とカラダを一直線にする。人の頭は重いので、頭が傾くとバランスを崩してしまう。

地面反力を得てまっすぐ立つ

母指球で踏ん張った足の上に、ヒザ、股関節、頭とすべて一直線上に保ちたい。これができると「股関節に体重を乗せる」感覚がつかめる。

☑ CHECK POINT

PHYSICAL

身体

骨盤の水平を保つために働く筋肉

片足立ちで骨盤を水平に保つために働くのは主に中臀筋というお尻の横にある筋肉。地面に着いた方の中臀筋が収縮して骨盤を安定させている。

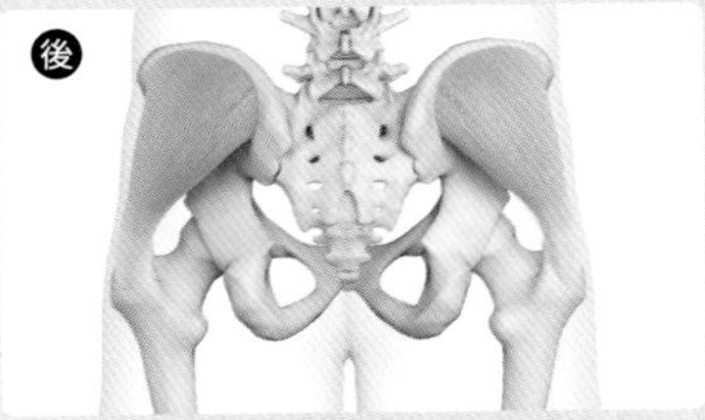

中臀筋(ちゅうでんきん)

地面反力を受け取りながらヒップファーストをつくる

並進運動のおこない方

1 軸足を安定させて立つ

股関節荷重で軸足を安定させ、母指球で地面を押し込む。

投球動作の土台となる並進運動を身につける

軸足立ち姿勢から踏み出し足を前に踏み出すときは、すぐに着地させるのではなく、できるだけ遠くに着きたい。本書ではこの動作を並進運動と呼ぶ。

並進運動は投球動作の土台ともいえるものであり、この動作なくして速球や制球力を獲得することは難しい。それだけ重要な動作なのである。

ポイントは2つ。1つは軸足母指球で地面を二塁方向へ押し続けて地面反力を得ること。これが並進運動の動力になる。もう1つはお尻から前に出すこと。「ヒップファースト」と呼ばれる姿勢をつくることで、並進運動を長く保てるようになる。

2 ヒップファーストで並進

POINT
「く」の字に
お尻から
出す！

母指球で地面を押し続け反力を得ながら、お尻から本塁方向へ進む。

3 本塁へ向けて踏み出す

踏み出し足は遠くに、本塁に向かってまっすぐ出す。

☑ CHECK POINT

TECHNIQUE

技術

すぐに足を着くと カラダがすぐに開きやすい

並進運動が長くとれず、すぐに踏み出し足を着地させてしまうと、カラダが開きやすい（胸が本塁を向く）。これでは肩に負担がかかってしまう。

仮想ライン上に踏み出す

本塁方向へまっすぐ踏み出して カラダの開きを抑える

POINT
本塁へと続く
仮想ライン上に
踏み出す！

本塁へまっすぐ踏み出すことが、その後の回転運動を容易にする。

筋力が未発達のうちは意識的に踏み出そう

下半身のステップにはある程度脚力が必要になる。筋力が未発達の子どもは、軸足で地面を押し込めず並進運動がうまくいかないために、踏み出し足を一塁側へ（オープン気味に）着地したり、ヒザを外に開いてしまう傾向がある。しかしこれではカラダも開いてしまうので、体幹にねじれが生まれない。いわゆる「手投げ」になる。

並進運動後の踏み出し足は本塁方向へまっすぐ着くことが望ましい。このときつま先とヒザがともに本塁を向いていることを確認する。またここで体幹を傾けずにいられると、その後の回転運動もスムーズになる。

× ヒザが外に開くとカラダも開きやすい

ステップ時に踏み出し足のヒザが外に開く投手がいる。これではカラダが開き、体幹のねじれが生まれず手投げになりやすい。

○ ヒザとつま先が本塁を向く

カラダの開きを抑え、その後の回転運動を加速させるために、踏み出し足のヒザやつま先は必ず本塁に向けること。また体幹も傾けない。

CHECK POINT

TECHNIQUE

技術

踏み出し足をまっすぐ着き地面から反力を得る

踏み出し足をまっすぐ出すことで、地面反力を効率よく得られ、左股関節を支点とした回転運動へとつなげることができる(P45)。つまり、この踏み出し足が「前足のカベ」になり、腰が回るということだ。

ボールを握る腕はカラダに沿わせて上げる

正しいテイクバック

1 腕は真下に垂らす

踏み出し開始時、ボールを握った腕はカラダに沿って真下に垂らしている。

生み出したエネルギーを無駄なく腕に伝えたい

並進運動をおこなっているときは、同時にボールを引き上げていく。この腕の動作をテイクバックと呼ぶ。投球動作は並進運動と体幹の回転運動がとても重要な役割を果たすが、これらの運動によって生まれたエネルギーを腕に効率よく伝えるには、テイクバックが遅れないことがポイントになる。

次ページで解説するが、適切なタイミングはトップでヒジが肩の高さにあること。そのためにはボールをカラダに沿わせながらテイクバックをするとよい。ヒジを伸ばして極端に背中側まで回すと、ヒジが上がってくるのが遅れ、肩に負担もかかる。

2 ボールを垂直に上げる

3 トップでヒジが肩の高さまで上がる

並進運動をおこないながら、カラダに沿わせてボールを引き上げる。

ヒジが過度に背中側へ入ることなく、肩の高さまで上げてトップをつくる。

POINT
ボールは背中側へいかない!

☑ CHECK POINT

TECHNIQUE

技術

腕が極端に背中側まで回るとトップが間に合わない

ボールを握ったヒジが大きく背中側に入った状態で腕を上げると、トップでヒジが上がってこない。これでは肩への負担が大きくなるので注意しよう。

踏み込み足が着いたときにヒジは肩の高さにある

3

POINT
ステップ時に
ヒジが
肩の高さ！

踏み出し足が着地したタイミングでヒジが肩の高さまで上がりトップができるとよい。

体幹の回転運動に連動できる高さ

ボールを引き上げてから、腕を振る動作へ切り替わる瞬間をトップと呼ぶ。感覚的には、単純にボールが一番高い位置にあるところと認識していてもよいだろう。このトップのタイミングでのヒジの高さがとても重要なのだ。

ここでヒジが低い位置にあると、腕が体幹の回転運動に連動できずに置いていかれる。すると肩の力で強引に腕を引き上げなければいけないので、肩へ大きな負担がかかる。

正しいタイミングはトップでヒジが肩の高さにあること。この高さなら体幹に連動して無理なく腕を振ることができる。

ヒジを上げるタイミング

1

踏み出し足のステップの前半の段階ではヒジはまだ下がっている。

▶▶▶

2

踏み出し足のステップの後半でヒジがカラダに沿いながら上がってくる。

☑ CHECK POINT

TECHNIQUE

技術

並進運動がないとヒジが上がる時間がない

ステップ局面で、軸足の踏ん張りが利かず並進運動ができないと、ヒジが上がる前に踏み出し足が着地してしまう。

さまざまな投手のトップ姿勢

PLAYERS DATA

【力強いストレートが武器の本格派右腕】

右ヒジが肩の高さにあると同時に、骨盤に対して体軸もきれいに垂直。とてもきれいなトップだ。

PLAYERS DATA

【腕が鋭く振れるサイドスロー右腕】

サイドスローであってもトップのタイミングで右ヒジが肩の高さまで上がることは変わらない。

PLAYERS DATA

【多彩な変化球を持つ技巧派左腕】

左ヒジが肩の高さまで上がっている。また踏み出し足をまっすぐに踏み出し並進運動をしっかり受け止めている。

PLAYERS DATA

【キレのあるストレートが武器のサウスポー】

左ヒジがしっかりと肩の高さまで上がっている。踏み出し足もまっすぐ出て、右股関節も落ちていない。

ステップ時は左肩が前

ねじれた体幹が戻り肩が腰の回転を追い越す

POINT
トップで体幹がねじれる！

踏み出し足が着いたときは、左肩が本塁を向き胸が見えないのが理想。これによって体幹にねじれが生まれる。

腰が先行して回ることで体幹が鋭くねじれる

足を踏み出したときの体幹のねじれが、投球に大きく貢献していることは投手なら経験として理解できると思う。

伸ばしたゴムを離すと勢いよく戻るように、ねじれた体幹が戻ることで回転運動がおこなわれ、連動した腕が加速して振られる。これを伸張－短縮運動（SSC）と呼び、爆発的な力を発揮する。

この運動をおこなうには、踏み出し時に肩を開かずにいることがポイントになる。腰が先に回り出すことで体幹が鋭くねじれ、リリースのタイミングでねじれが一気に戻り、肩の回転が腰の回転を追い越していく。

投球動作における肩と腰の回転

POINT
肩が腰を追い越す！

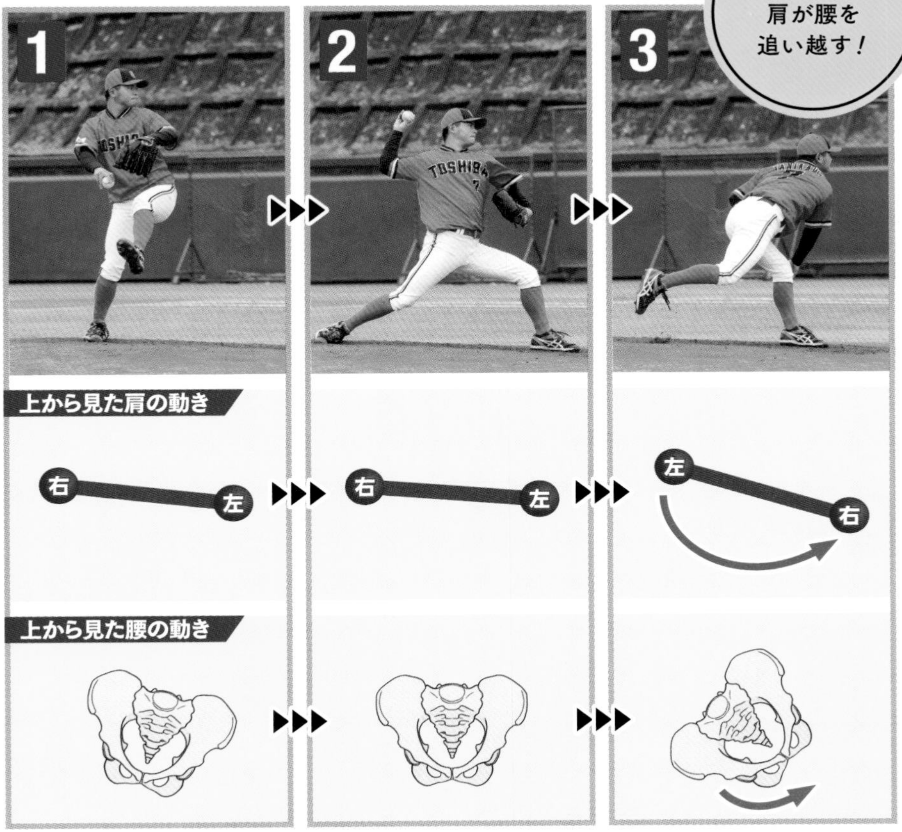

スタートは肩も腰も三塁側を向いているが、そこから腰が先行して回る。踏み出し足着地で腰の回転が止まり、左股関節を支点にして、一気に肩の回転が追い越す。

☑ CHECK POINT

SCIENCE

科学

左股関節を支点に上半身が回る

踏み出した足の股関節を支点に腰が回る。ここで左股関節が引けてしまうような動きになると力の伝達がうまくいかない。

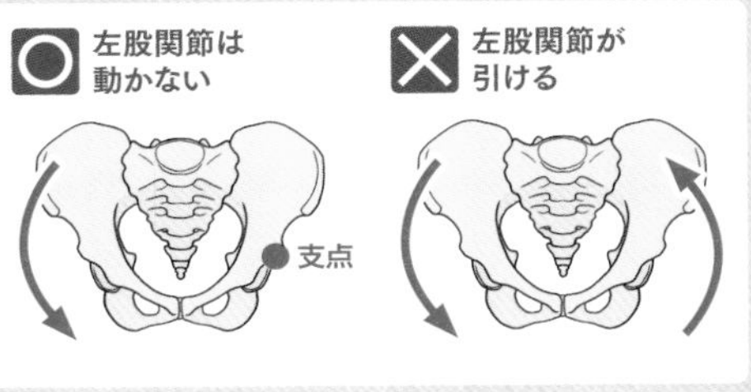

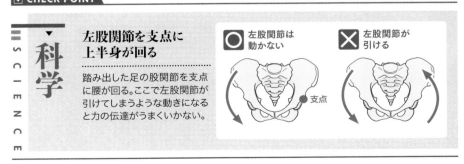

POINT
運動が連鎖する！

肩からヒジ、手首、指と末端へ順に力を伝える

3 上腕から前腕へ

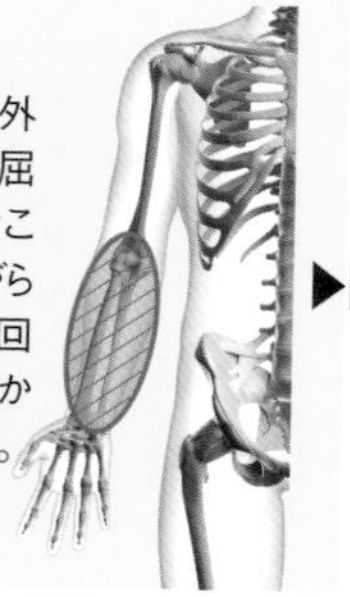

一度肘関節が外側へ曲がり（屈曲・回外❸）、そこから内に回りながら伸びる（伸展・回内❹）ことで上腕から前腕へ伝わる。

4 前腕から指先へ

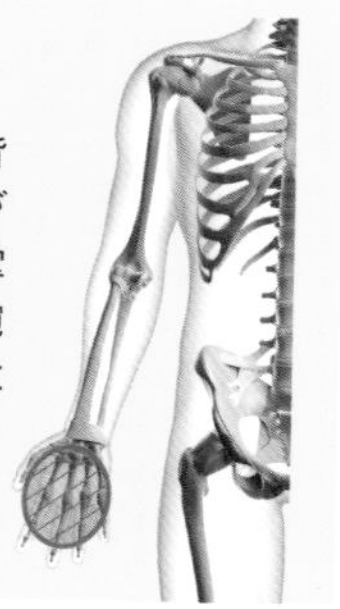

一度反った（背屈❸）手関節が前に折れる（掌屈❹）ことで前腕から手、指先へと力が伝えられる。

腕のしなりの正体は反動動作の連鎖

投球動作における腕は「振るのではなく振られる」と表現される。一見複雑にも思える腕の振りだが、必ず逆向きの動きが入る。跳躍でいえば、上に跳ぶために下に屈む動作がそれに当たる。この逆向きの反動動作が瞬時におこなわれるほど、その次の動作が大きく速くおこなえるようになる。これが前ページでも触れた伸張－短縮運動（SSC）だ。程度の差こそあれ、実は投球動作中の下半身、体幹、腕、指先とすべての部位でこのSSCがおこなわれている。SSCの連鎖によって力が増幅しながら末端へと伝わり、結果として腕が振られるのだ。

末端へ力を伝える腕の振り

1 下半身から体幹へ

下半身の並進運動からはじまり、骨盤や股関節を介して体幹へ力は伝えられる。

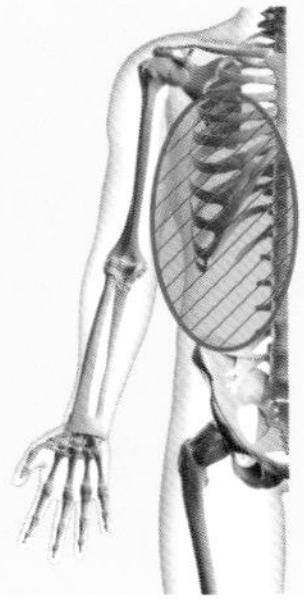

▶▶▶

2 体幹から上腕へ

一度肩関節が後方へ回り（外旋2）、そこから前に振れる（内旋3）ことで体幹から上腕へと力が伝わる。

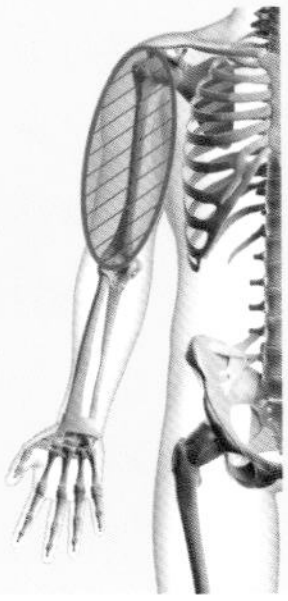

▶▶▶

☑ CHECK POINT

PHYSICAL

身体

腕のしなりには胸椎や肩甲骨の可動が土台にある

ピッチャーなら誰もが腕をしならせたいと思うものだが、腕だけで形をつくろうとすると、ヒジや肩に負担がかかる。腕のしなりには、胸を張り（胸椎伸展）、肩甲骨を寄せる動作（内転）などが土台にあることを覚えておこう。

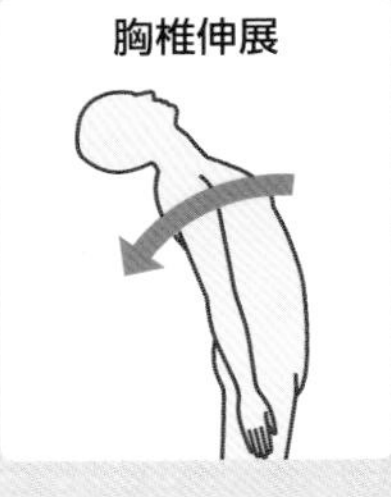

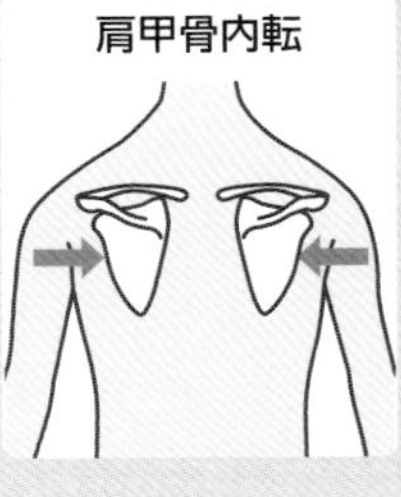

グラブ側の腕の動き

タイミングよく引きつけ体幹の回転を助ける

1 腕を回内させながら伸ばす

回内とは親指側へ回すこと。これでカラダの開きを抑えることができる。

自分に合った腕の伸ばし加減を見つける

投球動作ではボールを持った利き腕ばかりに意識が向きやすいが、実はグラブ側の腕の動きも気にかけておく必要がある。

なぜならグラブ側の腕を目一杯伸ばしていると、カラダの開きが早くなってしまうからだ。カラダが早期に開くと、体幹にねじれが生まれないので回転運動がおこなえず手投げになってしまう。

逆にグラブ側の腕を伸ばしすぎず、タイミングよく引きつけることができれば、体幹の回転に弾みをつけられる。

また腕を伸ばすときに内側に回すことで（回内）カラダを早期に開くことを抑制できる。

2 伸ばしすぎずにグラブを返す

グラブ側のヒジは伸ばしすぎないこと。適度なところで止める。

POINT

しっかりグラブを引く！

3 グラブを引きつけ肩を入れ替える

グラブをしっかり自分のカラダに引きつける。その反動で上体が回る。

☑ CHECK POINT

TECHNIQUE

技術

腕を伸ばしすぎるとカラダが開く

グラブ側の腕を本塁側へまっすぐ伸ばしてしまうと、カラダが開きやすくなる。またその後のカラダへの引きつけも甘くなり、結果として上半身の回転が不十分になりやすい。

▶ 連続写真で見る好投手の投球

4

Check Point

ヒップファーストで並進運動をおこなっているので、「く」の字姿勢になっている。下半身を使って投げるにはこの動作が必須。

10

上半身を前に倒しながら腕を振っている。リリースポイントが前になる巧みなカラダの使い方だ。

11

フォロースルーでは左足にしっかり体重が乗っている。全身を大きく使ったお手本となる投球フォーム。

PLAYERS DATA

【力強いストレートが武器の本格派右腕】

セットポジションからまっすぐ軸足で立つ。母指球で踏ん張りながら並進運動がはじまる。

並進運動が長く続き、踏み出し足をかなり遠くへ踏み出している。理想的な下半身の使い方だ。

トップで右ヒジが肩の高さまで上がっているが、左肩は捕手側を向きカラダは開いていない。

踏み出し足で並進運動をしっかりと受け止め、胸が張り右肩が外旋することで腕がしなる。

試合前にもう一度！

ココだけはチェック

試合では緊張や疲労などからいつもどおりのフォームで投げることが困難になる場面もある。ここではフォームが崩れやすいポイントを紹介するので、フォームを立て直す際に役立ててほしい。

CHECK POINT

並進運動が短くなっていないか？

下半身に疲れが溜まり地面を押す力が弱くなったり、気持ちが焦り下半身を使わず腕に頼って投げると並進運動が短くなりやすい。

CHECK POINT

軸足で地面を押せているか？

疲労が溜まる終盤になると地面を押し続ける力が弱くなりがち。すると当然地面反力が弱くなるのでいつもどおりのフォームで投げられなくなってしまう。

CHECK POINT

ヒジがしっかり上がっているか？

トップのタイミングでヒジが肩まで上がっていないと肩へ負担がかかってしまう。並進運動が短くなるとヒジの上がりが間に合わなくなるので注意しよう。

CHECK POINT

グラブ側の腕が伸びきっていないか？

マウンド上で力みすぎるとフォームが乱れて、グラブ側の腕が伸びきることがある。上半身は適度に脱力させることを覚えよう。

CHECK POINT

腕の力だけで投げていないか？

腕は振るのではなく振られるもの。腕力に頼っても腕の振りはたいして速くならない。下半身をしっかり使うことが大切だ。

COLUMN

配球のセオリー②

初球はストライクを取りにいく

初対戦の打者と対峙したときの初球について考えてみよう。対戦打者のデータはなく、傾向もわからない。そのような場合でも、初球はストライクゾーンにボールを投げたい。理由はコラム①で述べたように、ストライクを先行させることができれば、それだけ対戦を優位に進めることができるからだ。また、打者の心理として、初球に手を出して打ち損じだけはしたくないと思うからだ。もちろん、「甘い球が来たら初球から振る！」と決めている打者もいるし、監督から「初球から狙っていけ！」といわれる場合もあるので一概にはいえないが、基本的に打者は、初球は様子を見たいと考える傾向にある。

注意点は、初球は球威よりも制球力に重点を置いて投げること。甘いコースに入ってしまえば打たれる可能性もあるし、そもそもストライクゾーンに入らなければ打者を優位にさせてしまう。

また、球種はストレートがベターだろう。打者の裏をかいて緩い球から入る投手もいるが、武器となる変化球の球種を多く持っていなければ、その後の組み立てが単調になりやすい。まずはストレートで確実にストライクを狙っていくのがセオリーだ。

PART

2

けん制球の投げ方

各塁へのけん制球の投げ方を解説する。けん制球は走者をアウトにすることだけが目的ではない。走者のリードを小さくさせたり、スタートを遅らせることができれば上出来だ。

走者を足止めさせるための けん制球を身につけよう

1 けん制の注意点

P58へGO!

けん制球では力みや焦りからボークが起こることがある。また自覚はなくてもけん制のクセがセットポジションに現れていることがあるので注意しよう。

4 二塁けん制①

P66へGO!

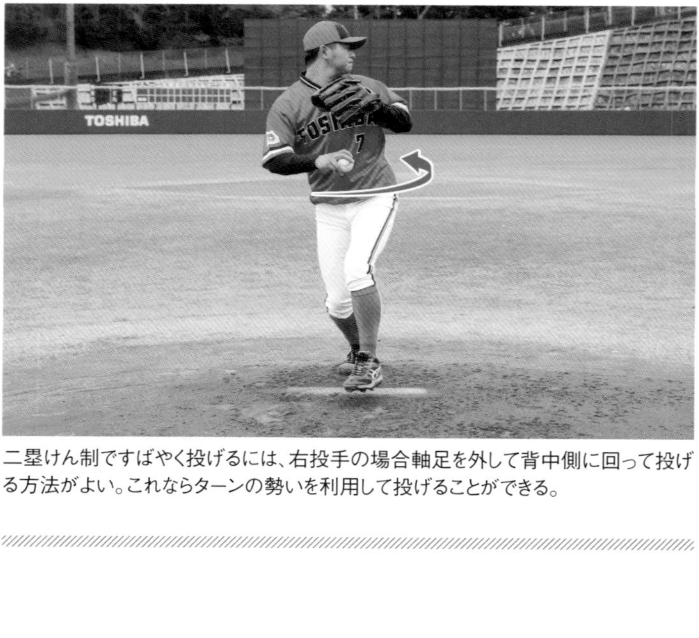

二塁けん制ですばやく投げるには、右投手の場合軸足を外して背中側に回って投げる方法がよい。これならターンの勢いを利用して投げることができる。

2 一塁けん制①

P60へGO!

走者をアウトにしようと思ったら軸足をつけたまますばやく投げる。ただし偽投は認められないので必ず投げる必要がある。

3 一塁けん制②

P62へGO!

走者に警戒心を与えるだけなら軸足を外して投げる。こちらは実際に投げなくてもよいので、ひと呼吸置きたいときにも使える。

5 二塁けん制②

P68へGO!

軸足をつけたままお腹側に回って投げる場合は、動作はゆっくりになり、つま先でターンをするためバランスを崩しやすいのでしっかり練習をしておこう。

6 三塁けん制

P70へGO!

三塁けん制は、頻度は多くないが、緊迫した場面でひと呼吸置きたいときなどにおこなうとよい。ただしボークは即失点なので、フォームは正しくおこなうこと。

ボークを宣告されやすい動作

けん制の前に肩が動く
セットポジションで静止していない
踏み出し足を一塁に踏み出していない
プレートを外さず偽投
KUME
21

ボークの多くは力みや焦りによって起こる。走者を足止めできればOKなので、焦らず正確におこなおう。

ボークやけん制のクセが出ないように意識すべきこと

アウトにすることだけがけん制の目的ではない

けん制で走者をアウトにできることは稀であり、それだけを目的にする必要はない。走者に警戒心を与えリードを小さくさせる、盗塁を思いとどまらせる、スタートを遅らせるなどができれば十分成功といえる。

走者を刺すことばかり考えていると、力みが生じて暴投したり、ボークになる動作が起こりやすくなるので注意が必要だ。

また自覚はなくても、けん制のクセがカラダのどこかに現れる可能性もある。そのようなときは動画を撮影したり、チームメイトに見てもらうなどして、自分のクセを自覚して修正できるようにしておこう。

けん制のクセが出やすいところ

けん制のクセは本人だけではなかなか気がつけないものなので、動画撮影をしてフォームを客観的に見ることが大切。

☑ CHECK POINT

技術 TECHNIQUE

一塁けん制のきっかけはさまざまある

けん制をするシーンとして最も多いのが一塁けん制。けん制は投手の自己判断だけでおこなわれると思われがちだが、実際には周囲のプレイヤーからのサインプレーでおこなうことも多々ある。

一塁けん制の主なきっかけ

- 投手の自己判断
- 捕手からのサイン
- 一塁手からのサイン
- 三塁手からのサイン

軸足をプレートにつけたまますばやくターンをして投げる

初球や2ボール1ストライクなど盗塁やエンドランを仕掛けやすいカウントではけん制を入れたい。

1 セットポジションでかまえる

このタイミングでけん制のサインが捕手から送られることもある。

2 軸足を支点にターン

踏み出し足で地面を押し、反力ですばやくターンをする

POINT
踏み出し足で地面を押す!

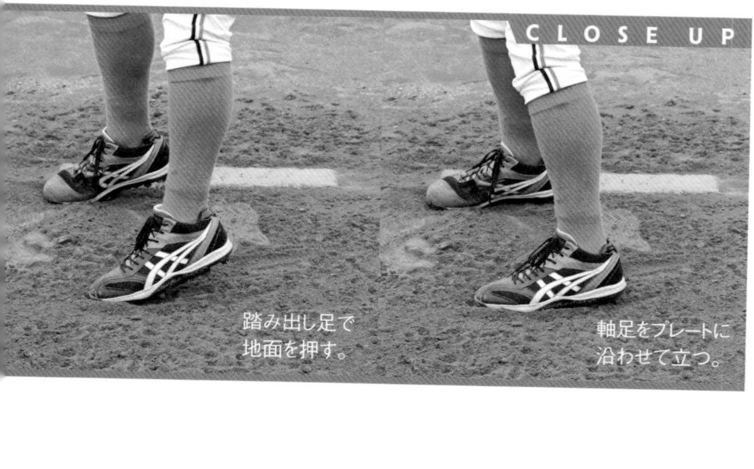
CLOSE UP

踏み出し足で地面を押す。

軸足をプレートに沿わせて立つ。

3 一塁方向へ踏み出す

踏み出し足を一塁方向へ踏み出さなければボークになる。

4 小さいモーションで投げる

大きく振りかぶらず、小さいモーションですばやく投げる。

踏み出し足を一塁方向へ出す。

軸足のつま先でターン。

軸足をプレートから離せば投げるフリだけでもよい

走者にプレッシャーを与えたい場合は、実際に投げずプレートを外すだけでも、一定の効果は見込める。

1 セットポジションでかまえる

プレートに足を沿わせ、肩越しに走者を確認する。

2 軸足をすばやく外す

軸足を外す前に肩を開いたらボークになるので注意しよう。

軸足を二塁側へ外す。

軸足をプレートに沿わせて立つ。

3 すばやくターンをする

外した軸足ですばやくターンをしてカラダをひねる。

4 投げなくてもOK

軸足を外しているので無理に投げなくても大丈夫だ。

踏み出し足を一塁に向けると投げやすい。

軸足のつま先でターンをする。

さまざまな投手の一塁けん制

PLAYERS DATA

【力強いストレートが武器の本格派右腕】

軸足を外さずに一塁方向へ踏み出し、
カラダを回転。

セットポジションでかまえて捕手のサインを
うかがう。

PLAYERS DATA

【多彩な変化球を持つ技巧派左腕】

軸足を外さず、踏み出し足を一塁方
向へ踏み出す。

グラブが比較的高い位置にあるセッ
トのかまえ。

けん制はスピードが大切なので、投球モーションは比較的コンパクトだ。

右投手はターンした勢いを利用して投げることができる。

左投手はターンをしないので、手投げに近い投げ方になる。

小さいモーションからすばやく一塁へけん制を投げる。

内野陣とのサインプレーで軸足を外してすばやくターン

踏み出し足を内側に着くと、手投げになりボールを引っ掛けることがあるので、まっすぐ二塁へ踏み出すこと。

1 セットポジションでかまえる

二塁けん制はセカンドやショートからサインを受けることもある。

2 軸足のプレートを外す

二塁にすばやく投げるには軸足のプレートを外す。

CLOSE UP
軸足をプレートに沿わせて立つ。
軸足を二塁側へ外す。

3 二塁方向へターン

腰を回す勢いを利用してすばやく
二塁へ投げる。

軸足を支点にターンをする。

4 野手との連携が必須

セカンドやショートとの連携がなければ成立しない。

POINT
ターンの
勢いのまま
投げる！

投球方向へ足を踏み出す。

軸足を外さずに つま先支点で逆回り

走者を刺すより、ひと呼吸置きたいときに有効。偽投もOKなので、焦らずバランスを崩さないようにしよう。

1 セットポジションで かまえる

セットポジションでは必ず静止しなければボークになる。

2 踏み出し足を 上げる

軸足をプレートから外さずに踏み出し足を上げる。

CLOSE UP
つま先寄りに
荷重して立つ。
軸足をプレートに
沿わせて立つ。

3 つま先でターンをする

軸足のつま先でクルッと時計回りにターンをする。

軸足を外さずつま先を支点にターン。

4 二塁へ投げる

踏み出し足を二塁方向へ踏み出して投げる。

POINT
投げるフリでもOK!

二塁方向へ踏み出して投げる。

引き上げた踏み出し足を三塁方向へ踏み出す

スクイズがある場面ではけん制を入れてプレッシャーを与えたい。投げ方は左投手の一塁けん制も同じ。

1 セットポジションでかまえる

右投手の三塁けん制では走者を視野に入れることができる。

2 踏み出し足を上げる

踏み出し足は軸足側へクロスしないようにまっすぐ上げる。

POINT
上げた足がクロスするとボーク！

CLOSE UP

軸足をプレートに沿わせて立つ。

軸足を外さずに踏み出し足を上げる。

3 三塁方向へ踏み出す

踏み出し足を三塁方向へしっかりと踏み出す。

4 三塁へ投げる

三塁けん制のボークは失点になるので注意しておこなおう。

三塁方向へまっすぐ踏み出す。

踏み出したら投げる。

試合前にもう一度！

ココだけはチェック

けん制球は走者を足止めさせるためにとても重要なプレー。アウトにできなくても、リードを小さくさせる、盗塁を思いとどまらせる、スタートを遅らせることができれば成功だ。力んで暴投することのないようにしっかり練習しておこう。

CHECK POINT

☑ けん制のクセが出ていないか？

けん制のクセがカラダのどこかに現れている可能性があるので、普段の練習から自分のクセを把握しておこう。

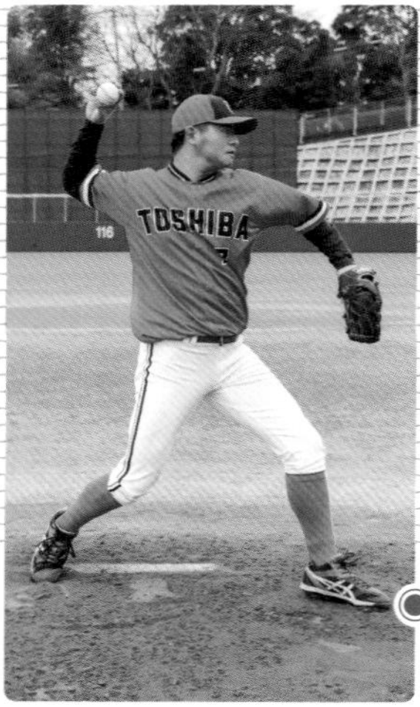

CHECK POINT

☑ 一塁に向かって足を踏み出しているか？

軸足をつけたままの一塁けん制時は、踏み出し足を一塁方向へ踏み出さなければボークを宣告される可能性があるので注意しよう。

CHECK POINT

☑ 内野陣との連携は取れているか？

二塁けん制時はセカンドやショートとの連携が必須。誰もいない二塁に投げることがないようにサインの確認などを怠らないようにしておく。

CHECK POINT

☑ 三塁に向かって足を踏み出しているか？

三塁けん制時も踏み出し足をしっかりと三塁へ踏み出さなければボークを宣告される。三塁でのボークは即失点になるので慎重におこなおう。

COLUMN

配球のセオリー ③

1ストライク後の2球目は投手が優位

0ボール1ストライクは、投手が有利なカウントといえる。次もストライクをとれたら2球で追い込むことができるし、仮にボールになったとしても1ボール1ストライクで状況としては5分といえる。

一方、打者としては2ストライクに追い込まれたくはないので、ストライクゾーンにきた2球目は振りたくなる。裏を返せば、ストライクからボールになるような際どいコースでも、思わず手が出てしまう。

では、1球目はアウトローのストレートでストライクを取れたという設定で、2球目のセオリーについて考えてみよう。ひとつ目は、1球目よりも速いストレートを同じコースへ、ギリギリボールになるように投げることだろう。1球目が頭に残っている打者に、ボール球を振らせて打ちとるのが狙い。またはインハイに投げて打者の上体を起こすのも有効だろう。もうひとつのセオリーは、1球目と近いコースへストライクからボールへとなる変化球を投げること。見逃されたらボールになるが、打者は1球目のストレートを見逃しているので、変化球を待っている可能性も高く、よいコースへ投げられたら空振りをとれる。打者の積極性が高まっているカウントなので、安易に甘いコースに投げてストライクを取りにいくことだけは避ける。

PART

3

変化球の握り

代表的な変化球の握りを紹介する。ただし、握り方は人それぞれなので、参考程度に留めてほしい。自分に合った握り方は、練習を積み重ねていきながら自分自身で見つけよう。

さまざまな握りを参考にして 自分に合う変化球を見つけよう

1 カーブ

P78へGO!

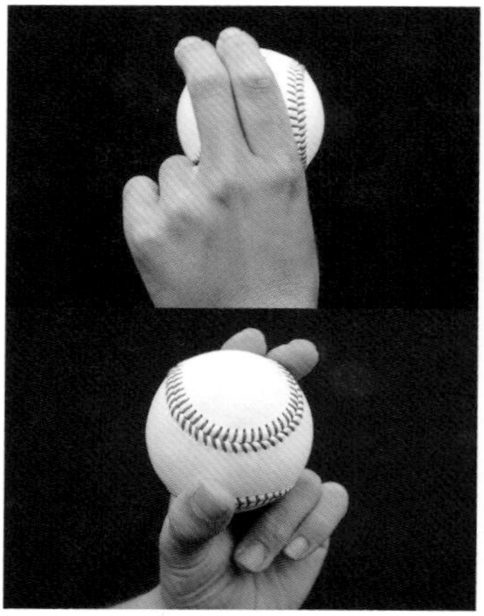

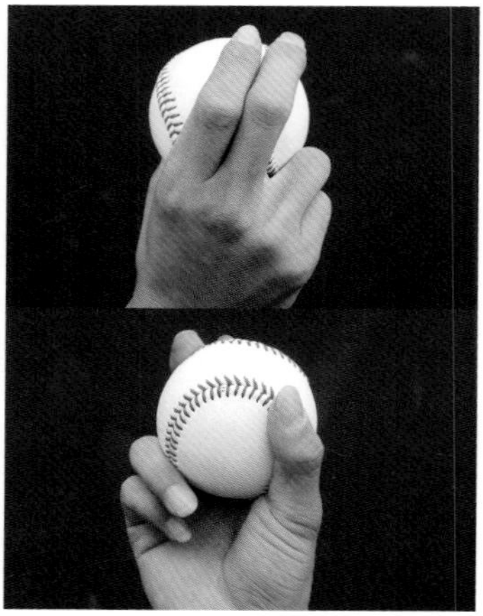

カーブは比較的投げやすい変化球であり軟式野球でも使われることが多い。要所で使い打者のタイミングを外そう。

3 チェンジアップ

P86へGO!

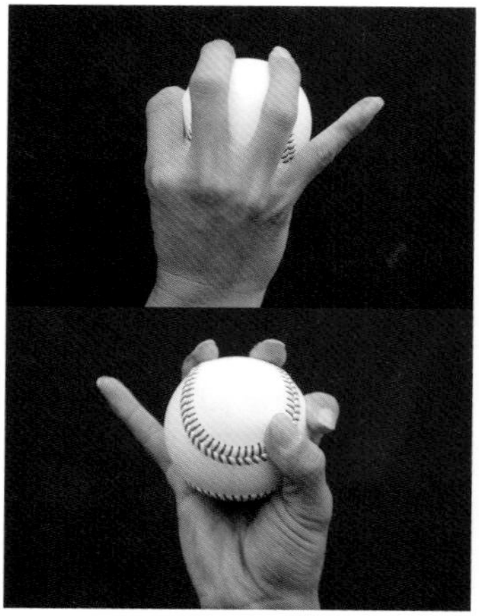

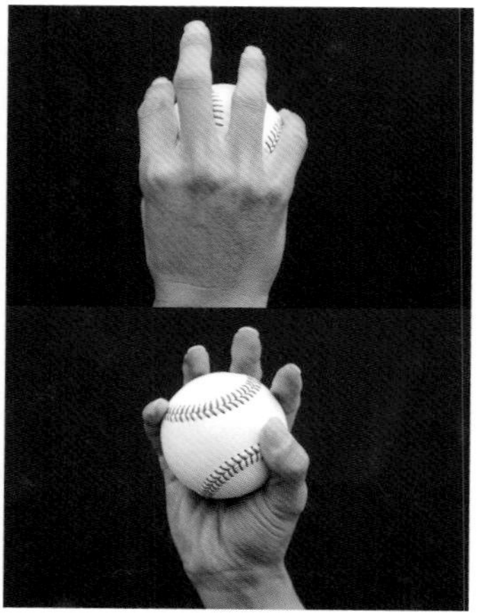

チェンジアップは変化球でありながらストレートと同じように腕を振る。ストレートとの緩急の差で勝負をする変化球だ。

2 スライダー・カットボール

P82へGO!

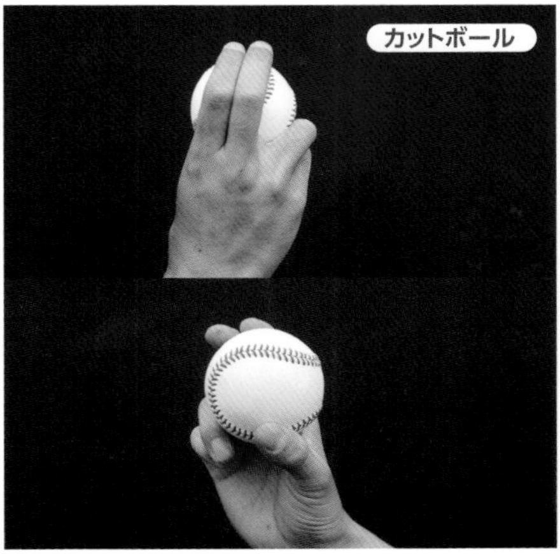

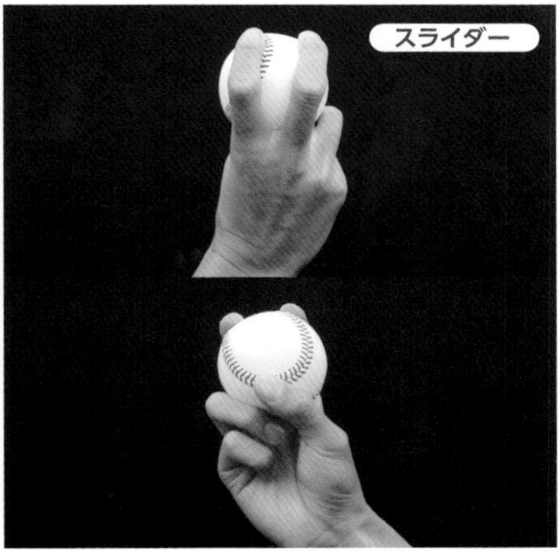

カウントを整えるときや、内野ゴロを打たせたり、外角に逃げていく軌道で三振も狙える使い勝手がよい変化球。曲がりはスライダーより小さいが球速が出る「カットボール」もある。

5 ツーシーム・シュート

P94へGO!

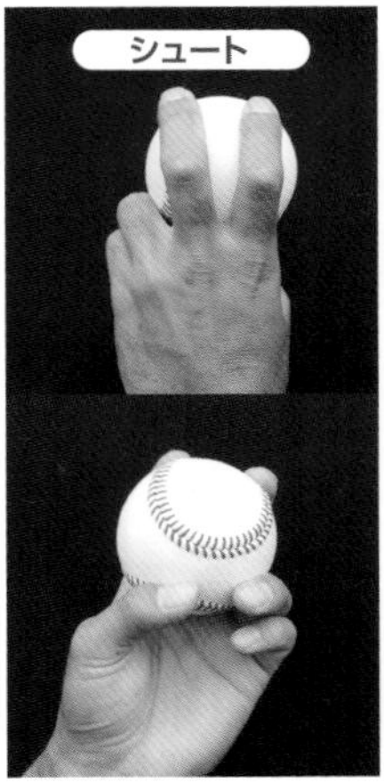

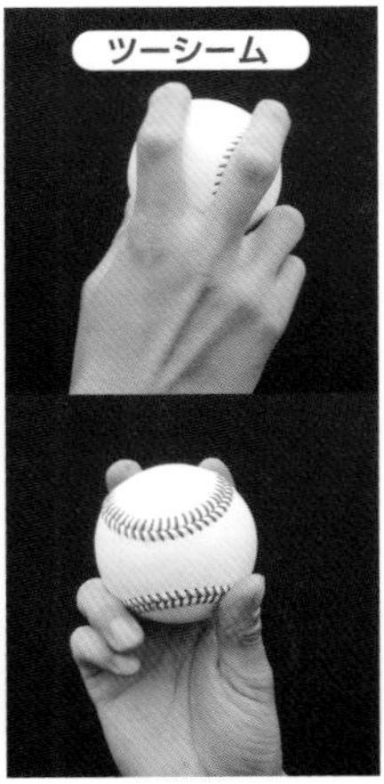

ストレートに似た軌道だが、手元でシュート気味に曲がりバットの芯を外す。縫い目にかける指の間隔次第でシュートにもなる。

4 フォーク・スプリット

P90へGO!

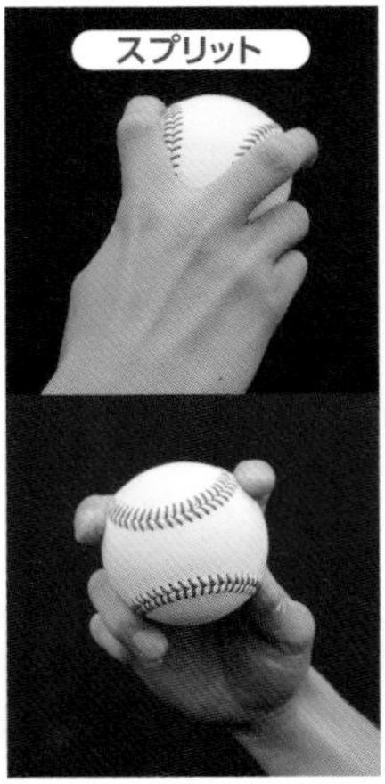

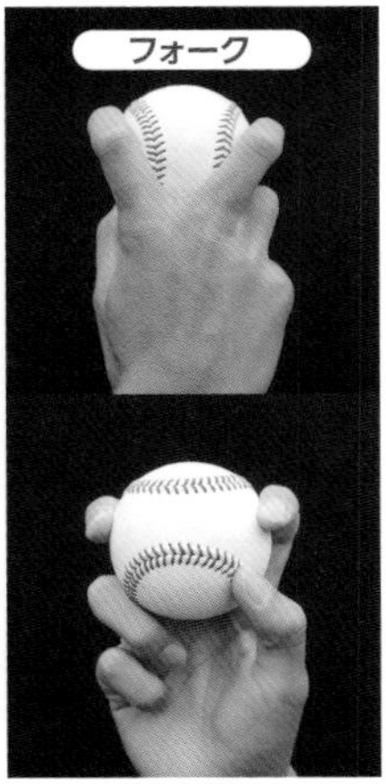

人差し指と中指を大きく開く独特の握りをする。フォークの握りが難しい人は2本の指をより浅く握るスプリットも有効だ。

カーブの軌道

変化量よりも緩急でタイミングを外す球種

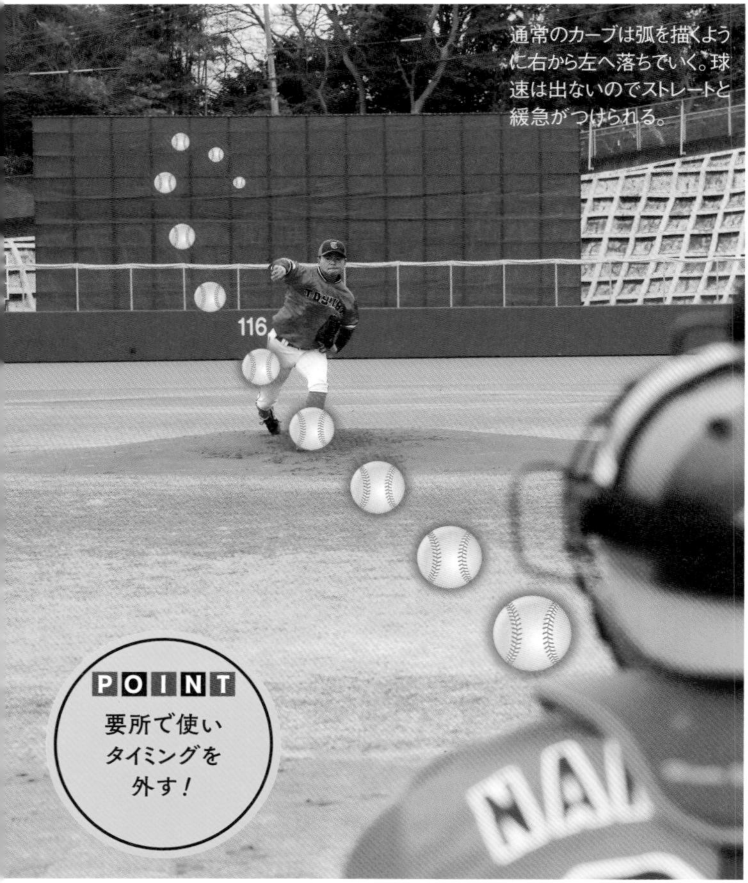

通常のカーブは弧を描くように右から左へ落ちていく。球速は出ないのでストレートと緩急がつけられる。

POINT
要所で使い
タイミングを
外す！

ストレート主体で要所で織り交ぜる

野球少年が最初に試みる変化球がカーブではないだろうか。片側の縫い目に指をかけ親指と中指の間から抜くように投げることで変化する。

一般的なカーブの軌道は右から左へ弧を描くように落ちていく。うまくいけば打者の目線をわずかに上げることができる。ただし変化量よりも緩急で勝負する球種なので、カーブ一辺倒では打者を抑えることは難しい。ストレート主体で攻めながら、要所で織り交ぜていこう。標準的なカーブを習得できたら、握りや腕の振りを工夫して、より球速が遅いカーブや縦に落ちるカーブにも挑戦してみよう。

PLAYERS VOICE

右投げ／オーバースロー

ストレートとの球速差を大きくしたいので、手のひらがボールに触れるほど深く握ります。そこから親指と中指の間から抜くように真下に振り下ろします。

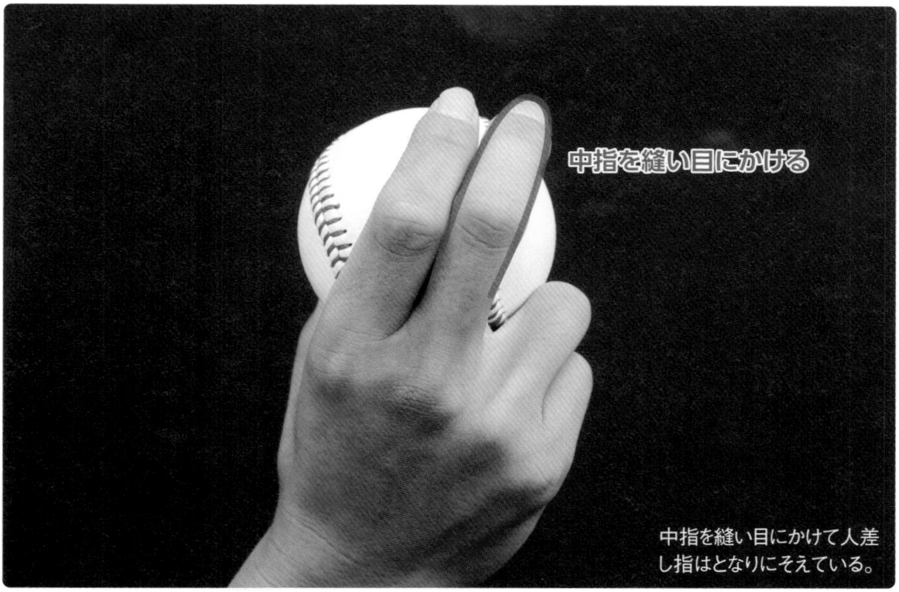
中指を縫い目にかける

中指を縫い目にかけて人差し指はとなりにそえている。

親指を縫い目にかける

親指を縫い目にかけている。リリースで手首をひねることはしない。

PLAYERS VOICE

右投げ／オーバースロー

手のひらをボールにつけて深く握ります。中指と親指をしっかりと縫い目にかけて人差し指はそえる程度です。手首を意識的にひねることはありません。

中指の第1関節あたりを中心に縫い目にかけている。
中指を縫い目にかける

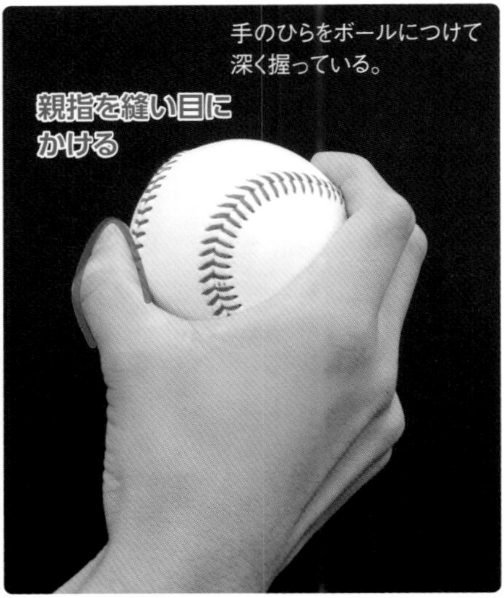
手のひらをボールにつけて深く握っている。
親指を縫い目にかける

PLAYERS VOICE

右投げ／オーバースロー

大きな山なり軌道で投げたいので、人差し指を浮かせてかるく握ります。中指1本でボールを置いてくるようなイメージで投げています。ポイントは浅く握ることです。

浅く握っているため手のひらに空間がある。
親指を縫い目にかける

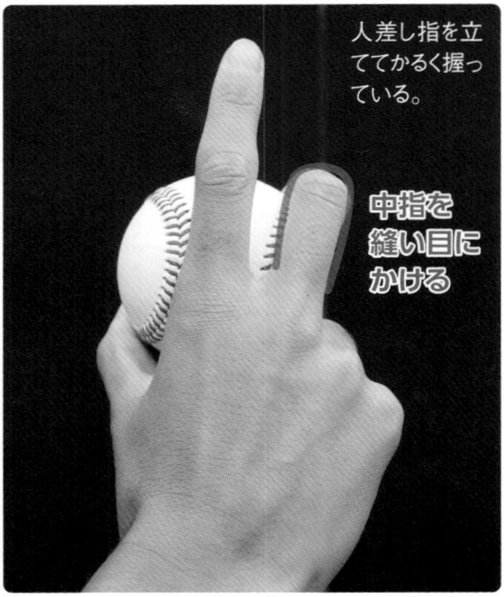
人差し指を立ててかるく握っている。
中指を縫い目にかける

PLAYERS VOICE

左投げ／オーバースロー

親指と中指の間からボールを抜くようなイメージで手首を内側に倒すようにします。中指を縫い目にかけていますが、親指はかけていません。

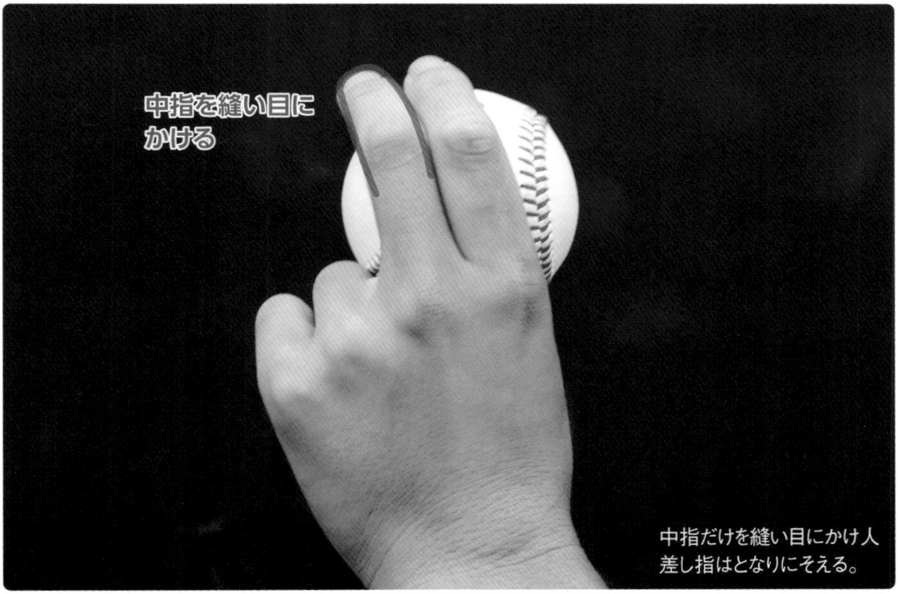
中指を縫い目に
かける

中指だけを縫い目にかけ人差し指はとなりにそえる。

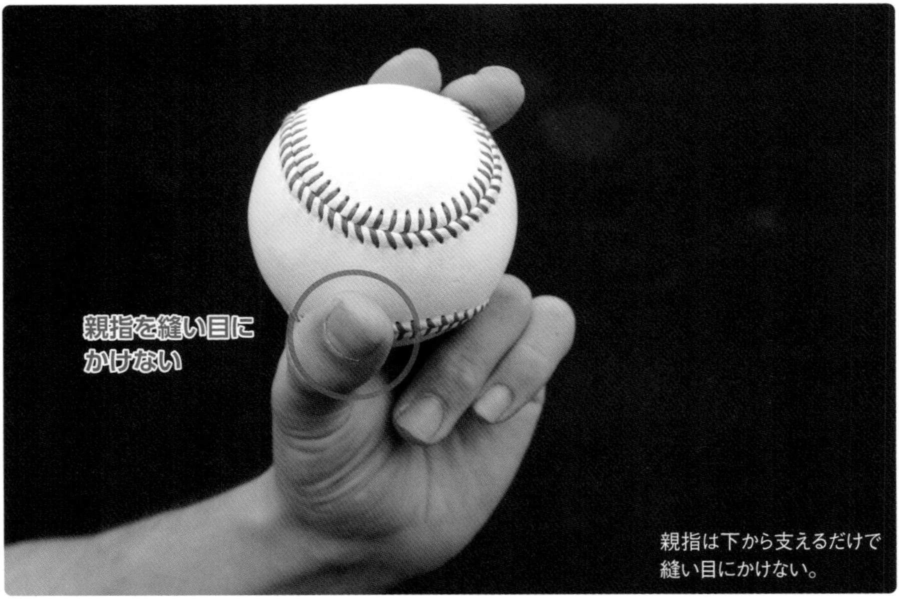
親指を縫い目に
かけない

親指は下から支えるだけで縫い目にかけない。

変化に多様性があり多くの投手が武器にする

スライダーの軌道

116
POINT
内野ゴロも
三振も
狙える！

ある程度の球速を保ちながら右から左へと横へ曲がる軌道が一般的なスライダーだ。

あらゆる場面で使え使い勝手がよい

多くの投手が持ち球としている変化球がスライダーだ。

基本的なスライダーは右から左へ曲がっていくが、球速や変化量はさまざま。横に鋭く曲がる「横スライダー」や、曲がりながら縦に落ちていく「縦スライダー」、ストレートに近い球速でわずかに曲がって芯を外す「カットボール」などがある。

この多様さが多くの投手から支持されている理由のひとつかもしれない。

試合ではカウントを整える球にも使えるし、内野ゴロを打たせたり、外角に逃げていく軌道で三振を狙うこともできるため使い勝手がよい。

PLAYERS VOICE

右投げ／オーバースロー

人差し指と中指をそれぞれ縫い目にかけ、かるくひねり滑らせるようなイメージでリリースします。変化は真横で、ストレートのように腕を強く振ることを意識しています。

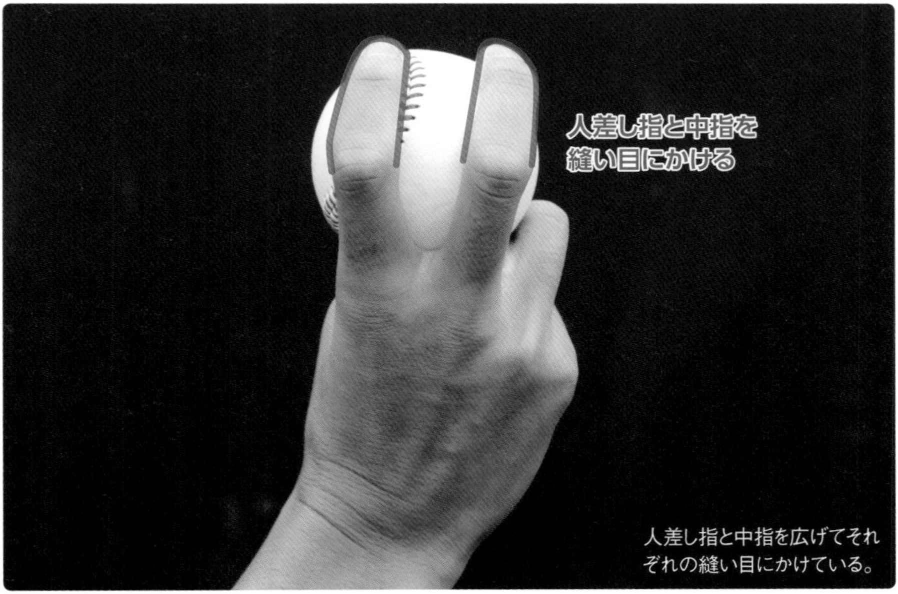
人差し指と中指を
縫い目にかける

人差し指と中指を広げてそれぞれの縫い目にかけている。

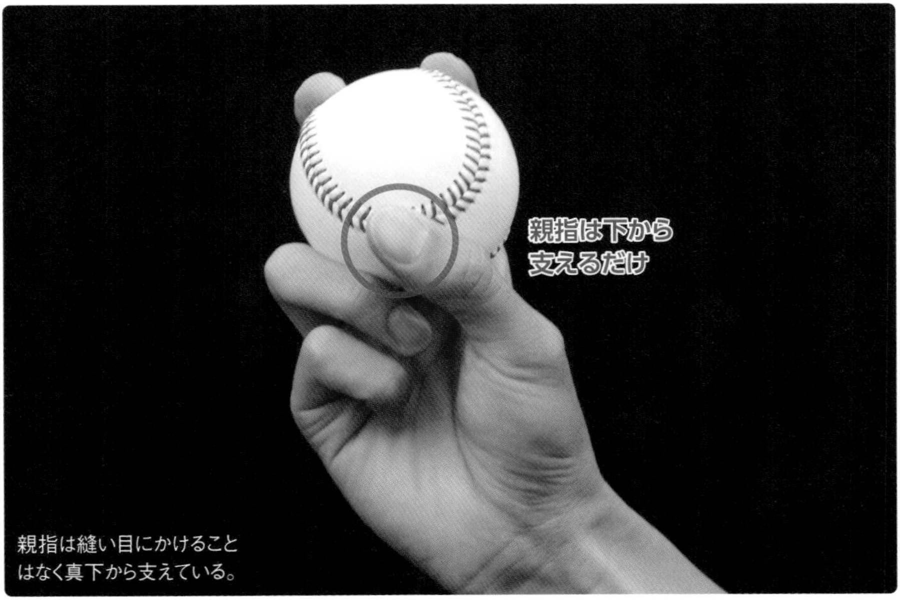
親指は下から
支えるだけ

親指は縫い目にかけることはなく真下から支えている。

PLAYERS VOICE

右投げ／オーバースロー

中指と親指を縫い目にかけ、手のひらがボールに触れる程度で握ります。切るのではなくひねるイメージで、腕はストレートよりも強く振ることを意識しています。

親指を縫い目にかける
親指を横から縫い目にかけている。

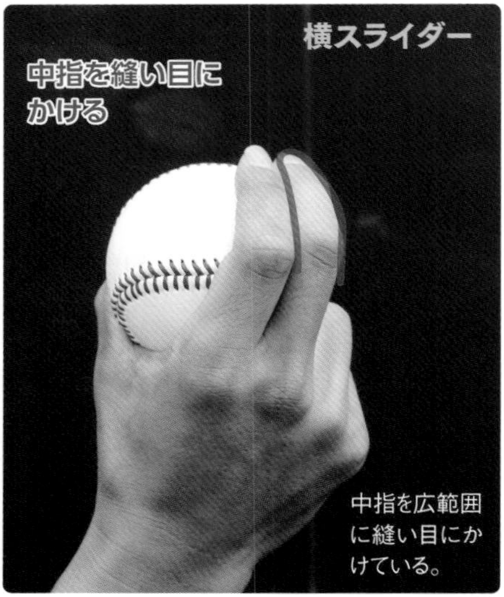
横スライダー
中指を縫い目にかける
中指を広範囲に縫い目にかけている。

PLAYERS VOICE

右投げ／オーバースロー

中指と親指を縫い目にかけます。リリースするときはしっかりと切り、さらに回転をかけるイメージです。回転数を上げないと速いスピードで落ちていきません。

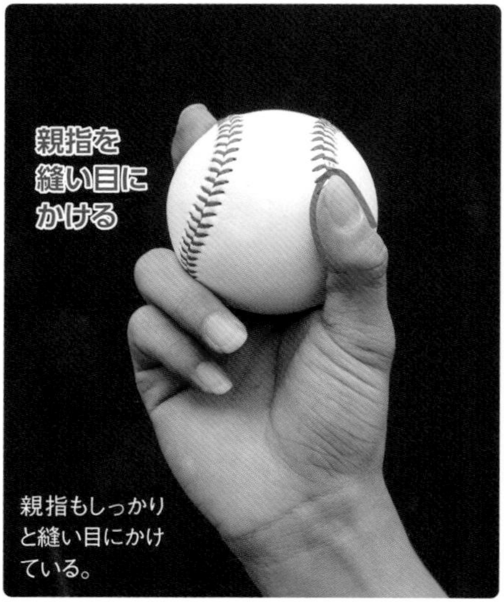
親指を縫い目にかける
親指もしっかりと縫い目にかけている。

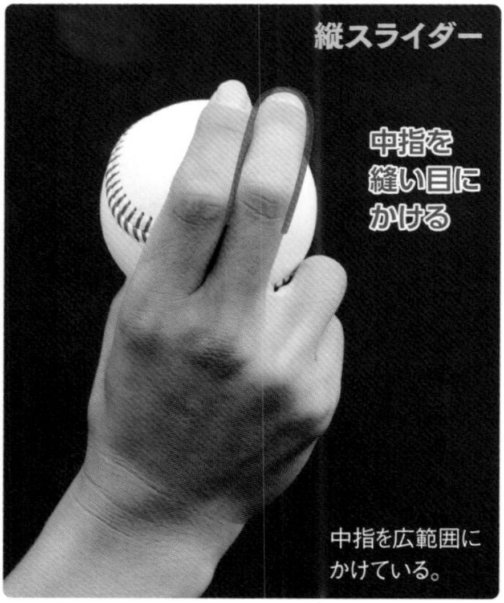
縦スライダー
中指を縫い目にかける
中指を広範囲にかけている。

PLAYERS VOICE

右投げ／オーバースロー

カーブと同じ握り方です。カーブは親指と中指の間から抜きますが、スライダーは中指で切りストレートに近いイメージで腕を強く振ります。

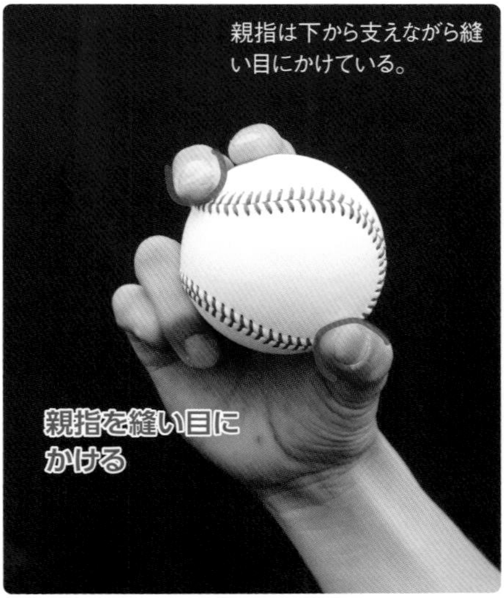
親指を縫い目に
かける
親指は下から支えながら縫い目にかけている。

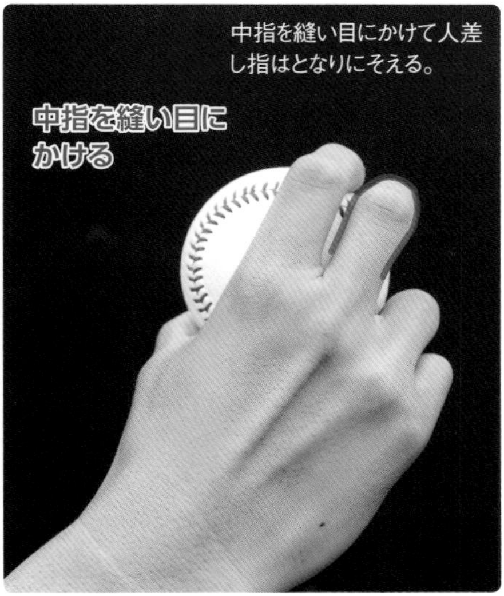
中指を縫い目に
かける
中指を縫い目にかけて人差し指はとなりにそえる。

PLAYERS VOICE

右投げ／オーバースロー

ストレートの握りのままボールを斜めにします。リリースもストレートと同じですが、ボールを斜めにしているので中指と人差し指で切るように投げます。

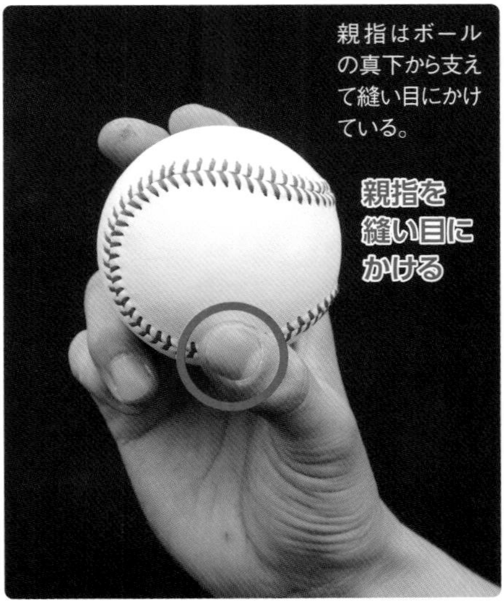
親指を
縫い目に
かける
親指はボールの真下から支えて縫い目にかけている。

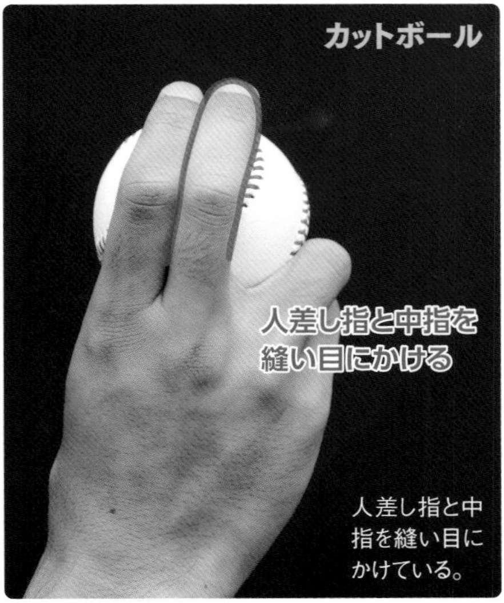
カットボール
人差し指と中指を
縫い目にかける
人差し指と中指を縫い目にかけている。

チェンジアップの軌道

ストレートと同じ振りでタイミングを外す

ストレートと同じ腕の振りから回転の少ない球が失速しながら沈んでいく。

POINT
ストレートとの緩急差で勝負する！

ヒジへの負担の少ない変化球のひとつ

チェンジアップは変化球でありながらストレートと同じように腕を振る。手首をひねることもないのでヒジへの負担も少ないので、早い時期に覚えておきたい変化球といえる。

フォークのように大きく落ちるのではなく、失速しながら沈んでいくような軌道。鋭く変化することはないので、見切られたら打ちごろの球になってしまう。そのため腕をしっかりと振り、ストレートと思わせることがポイントになる。

握りは人によってさまざまだが、手のひらまでボールにつけてしっかりつかむように握ることは共通している。

PLAYERS VOICE

右投げ／オーバースロー

親指の腹を縫い目にかけて人差し指と円をつくります。中指と薬指の指先は浮いてもよいので第2関節あたりを縫い目にかけます。腕はしっかり振り、小指側から出すようにリリースします。

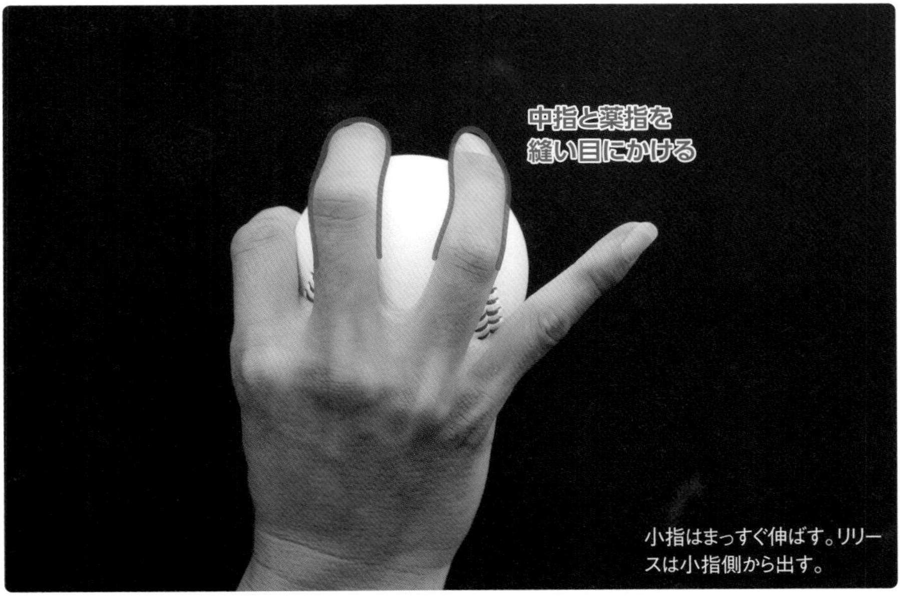
中指と薬指を
縫い目にかける

小指はまっすぐ伸ばす。リリースは小指側から出す。

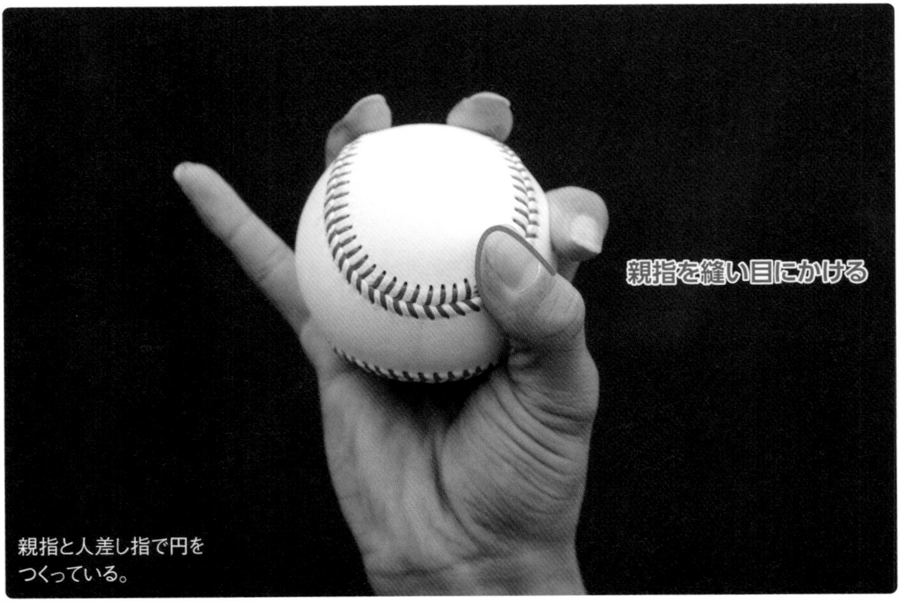
親指を縫い目にかける

親指と人差し指で円をつくっている。

PLAYERS VOICE

右投げ／オーバースロー

小指全体と親指の腹を縫い目にかけます。手のひらもボールにつけます。腕はストレートと同じくしっかり振りますが、手のひらが上を向かないように抜くように投げます。

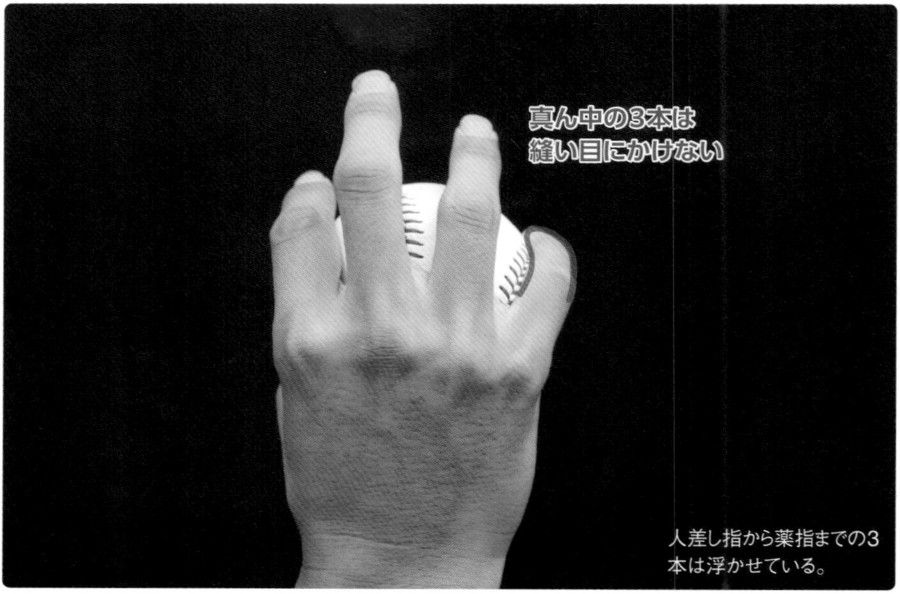
真ん中の3本は
縫い目にかけない

人差し指から薬指までの3本は浮かせている。

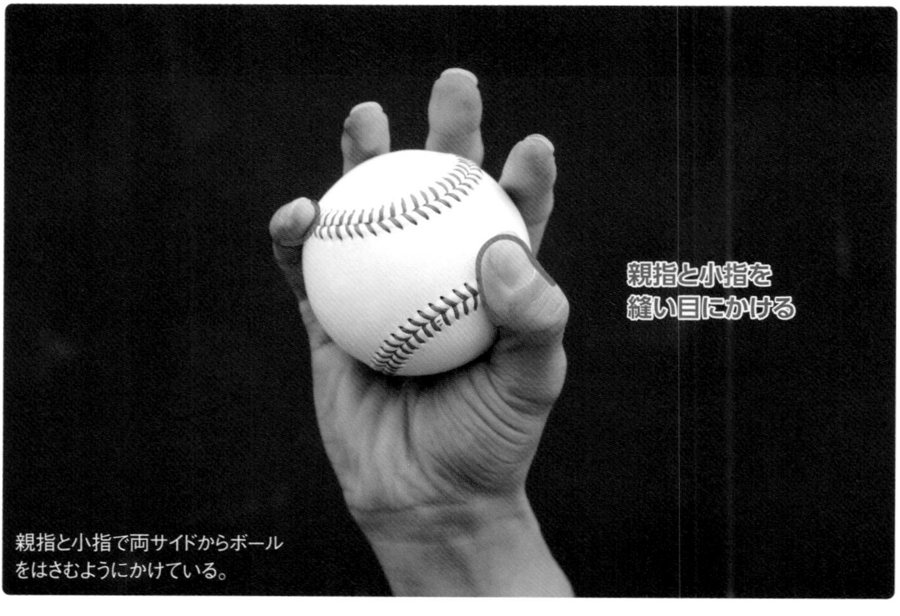
親指と小指を
縫い目にかける

親指と小指で両サイドからボールをはさむようにかけている。

PLAYERS VOICE

左投げ／オーバースロー

親指と人差し指で円をつくります。縫い目には中指と薬指をかけます。ストレートの同じ腕の振りですが、手首を固定して抜くようにリリースします。

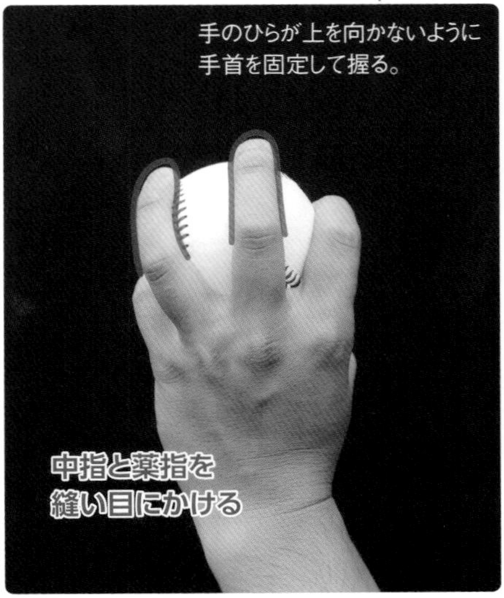
中指と薬指を
縫い目にかける

手のひらが上を向かないように手首を固定して握る。

親指と人差し指で
円をつくる

親指と人差し指の先をピッタリつけて円にしている。

PLAYERS VOICE

左投げ／オーバースロー

中指と薬指でボールをはさむようなイメージで握っています。両方の指はしっかりと縫い目にかけ、腕の振りはストレートと同じように力強く振ります。

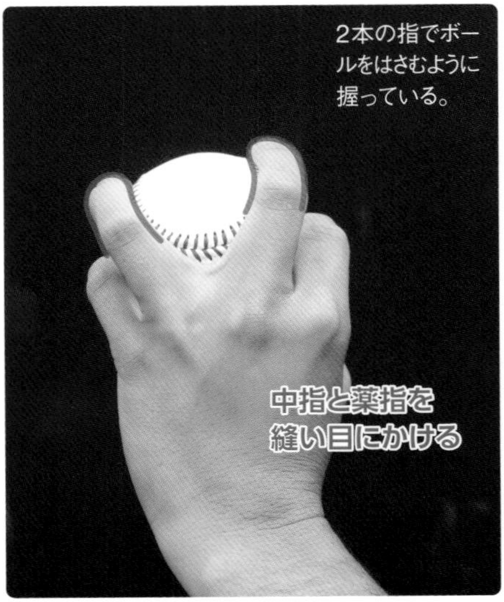
中指と薬指を
縫い目にかける

2本の指でボールをはさむように握っている。

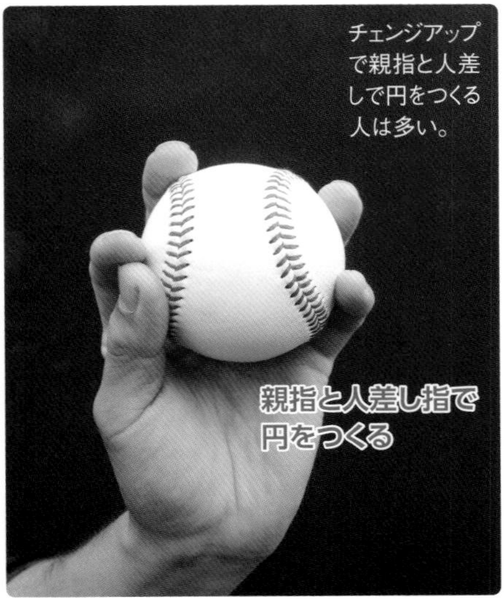
親指と人差し指で
円をつくる

チェンジアップで親指と人差しで円をつくる人は多い。

ストレートと思わせて寸前でストンと落ちる

フォークの軌道

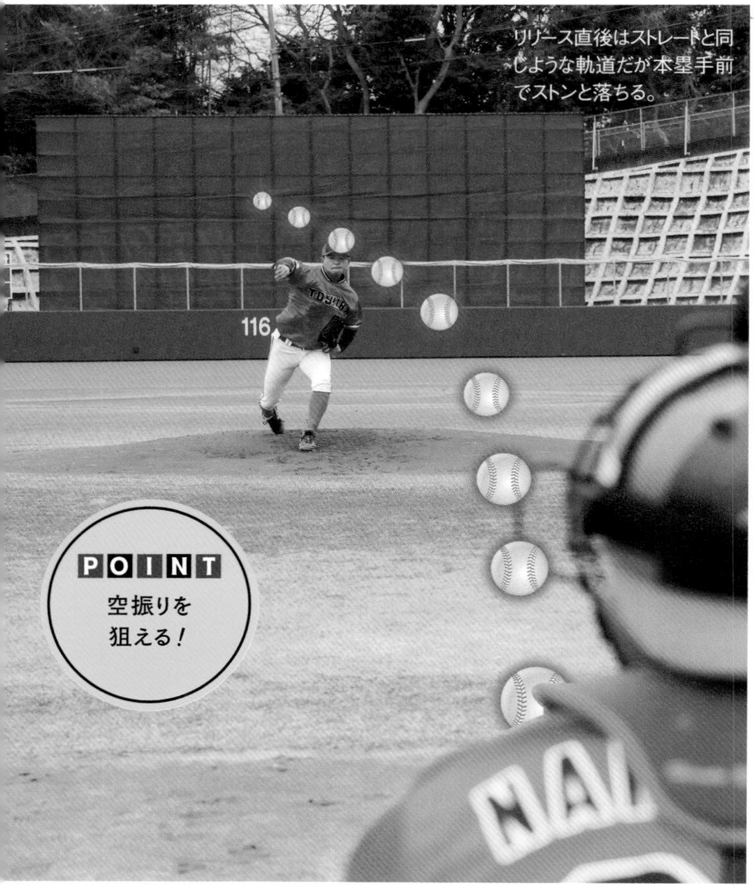
POINT
空振りを狙える！

リリース直後はストレートと同じような軌道だが本塁手前でストンと落ちる。

大きな武器になるが習得もそれだけ難しい

フォークは人差し指と中指でボールをはさむように握るのが大きな特徴。つまりある程度手のひらが大きかったり、指が長くないと握るのが難しい。

フォークの握りが難しい人は2本の指をより浅く握る「スプリット」に挑戦してみてもよいだろう。フォークよりも球速が出て落差は減少する。

プロ野球の世界では、速球とフォークだけで戦っている投手がいるように、優れたフォークは大きな武器になることは間違いない。ただしコントロールが甘く入ったらホームランボールにもなりやすく、習得が難しい変化球でもある。

PLAYERS VOICE

右投げ／オーバースロー

スタンダードなフォークの握りです。人差し指と中指を縫い目にかけずにボールをはさみ、ストレートと同じように腕をしっかり振ります。

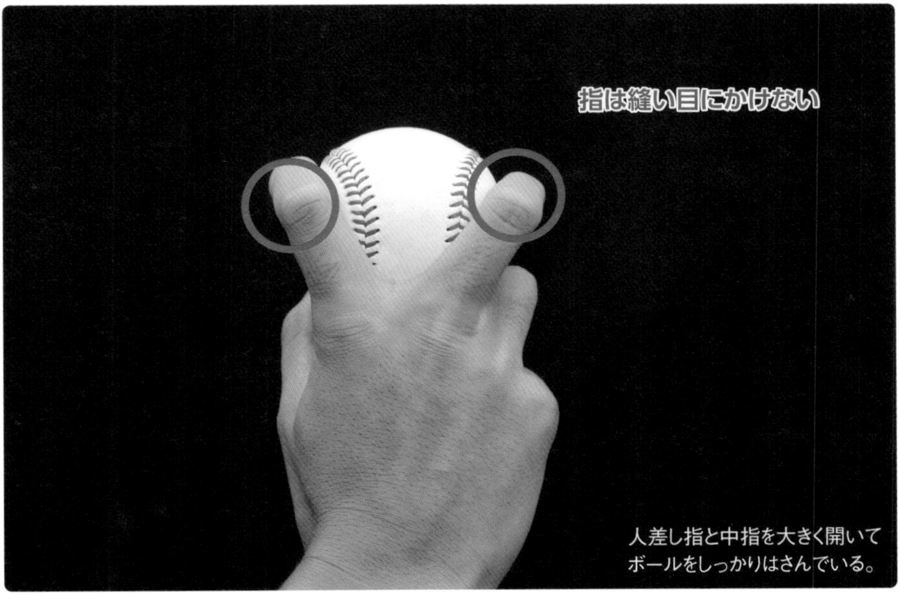

人差し指と中指を大きく開いてボールをしっかりはさんでいる。

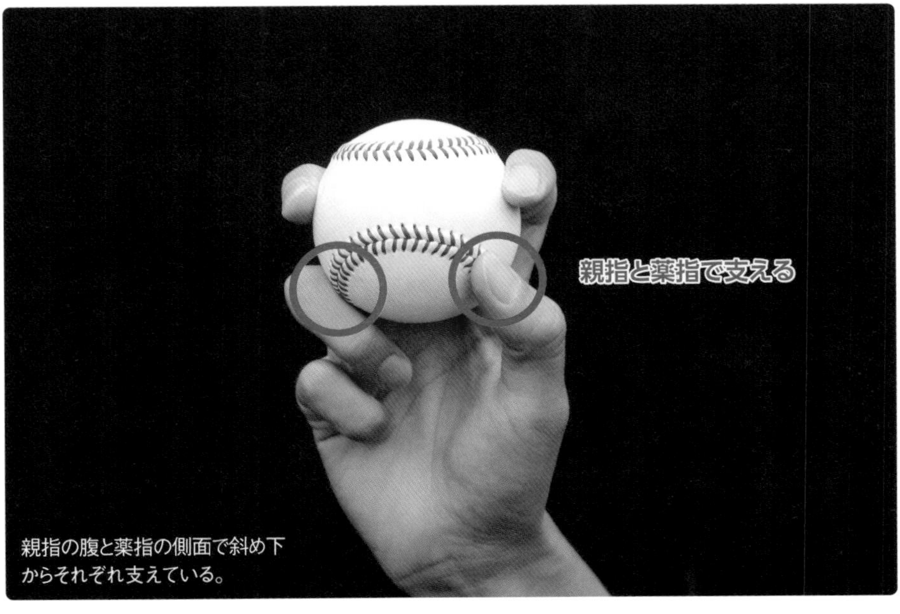

親指の腹と薬指の側面で斜め下からそれぞれ支えている。

PLAYERS VOICE

右投げ／オーバースロー

人差し指と中指の指先を縫い目にかけてしっかりはさみます。下は親指で支えるイメージです。腕をしっかり振ってリリースします。

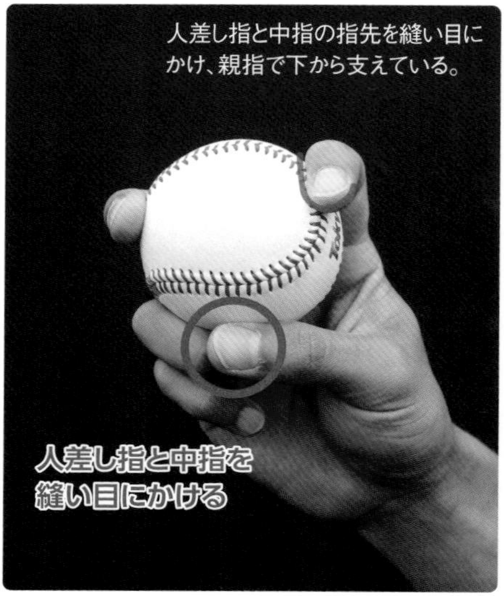

人差し指と中指の指先を縫い目にかけ、親指で下から支えている。

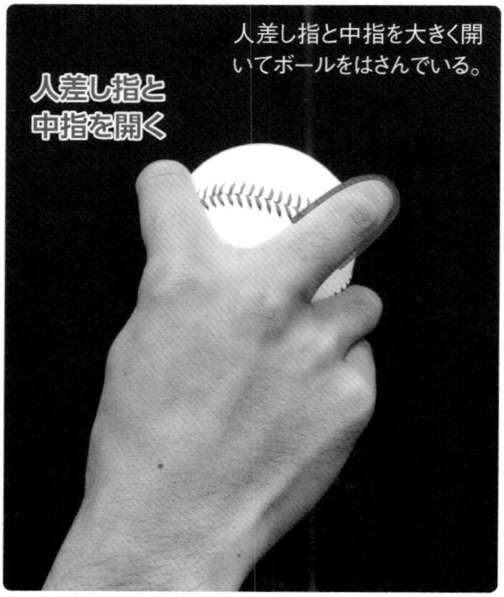

人差し指と中指を大きく開いてボールをはさんでいる。

PLAYERS VOICE

左投げ／オーバースロー

人差し指と中指を開いてボールをはさみます。無意識に投げるとスライダー気味になるので、手首を右側へ傾けてシュート気味に投げます。

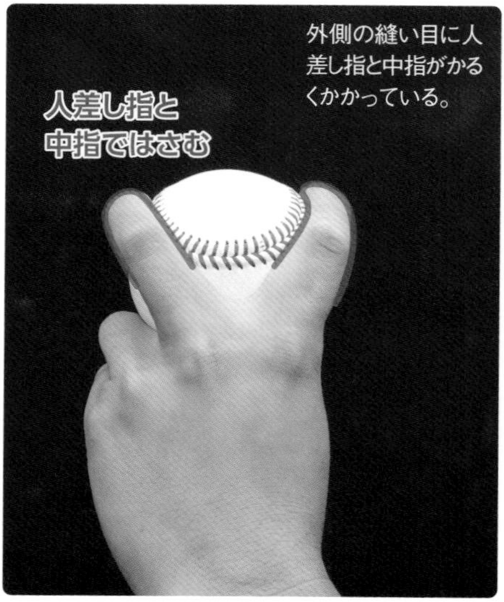

外側の縫い目に人差し指と中指がかるくかかっている。

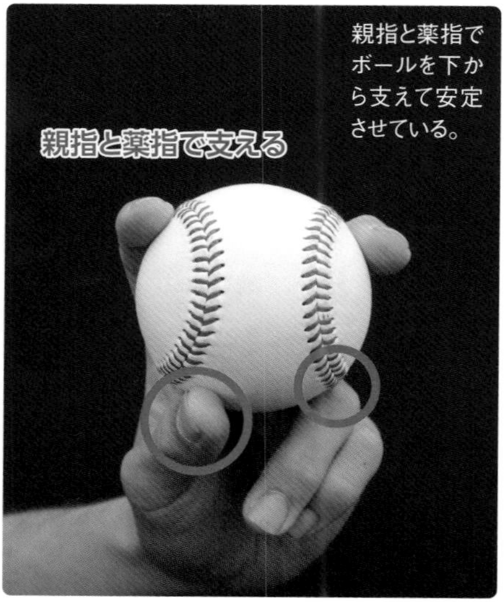

親指と薬指でボールを下から支えて安定させている。

PLAYERS VOICE

右投げ／オーバースロー

フォークよりも浅く握ります。人差し指、中指、薬指、親指の4点でボールを支えるようなイメージです。振りはストレートと同じですが、ボールが抜けないように押さえるように投げます。

スプリット

人差し指と中指が縫い目の外側にかるくかかっている。

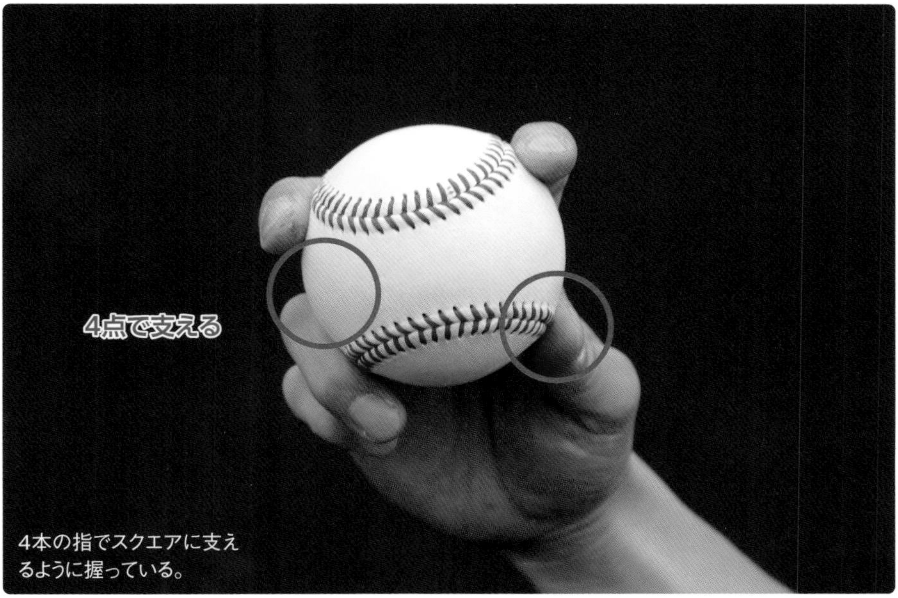

4本の指でスクエアに支えるように握っている。

手元で内側へ入り芯を外す打たせてとる変化球

ツーシームの軌道

ストレートに似た軌道だが手元でシュート気味に曲がりバットの芯を外す。
116
POINT
芯を外して打たせてとる！

2本の指の間隔次第で変化量が変わる

　ツーシームの由来はボールが1回転する間に縫い目が2回通過することにあるという。その理由から、一般的なストレートは1回転する間に縫い目が4回通過するのでフォーシームとも呼ばれることがある。

　ツーシームは人差し指と中指を縫い目にかけるのが一般的な握りだが、人差し指を基準に中指を少しだけ右にずらして間隔を広げればシュートになり、さらに広げて中指と薬指の間から抜くように投げればシンカーにもなるという。ストレートに近い球速から微妙に変化をして芯を外せるので打たせてとる球として重宝される。

PLAYERS VOICE

右投げ／オーバースロー

右側に沈むような軌道をイメージしているので、最後に人差し指が残るようにリリースしています。感覚的にはシュートに近い投げ方です。

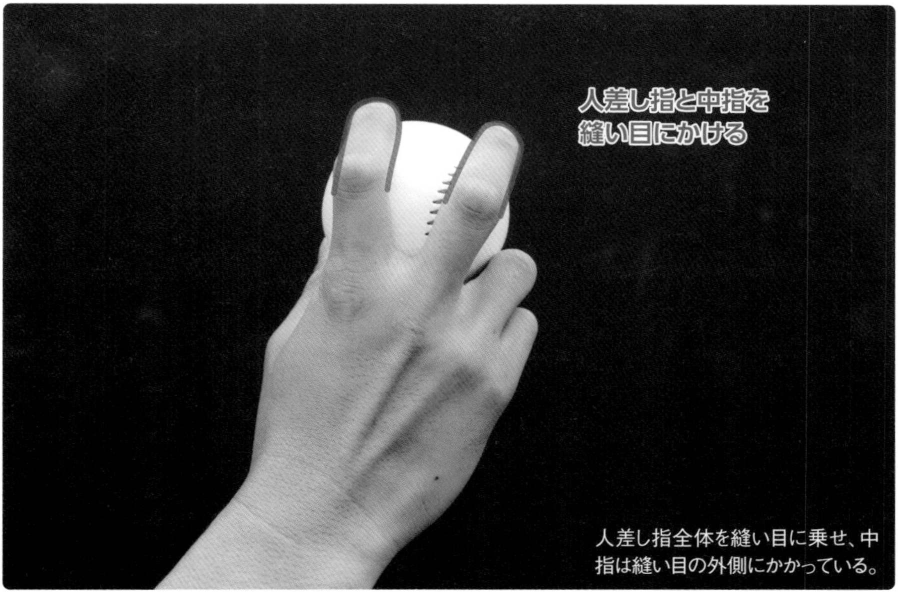

人差し指全体を縫い目に乗せ、中指は縫い目の外側にかかっている。

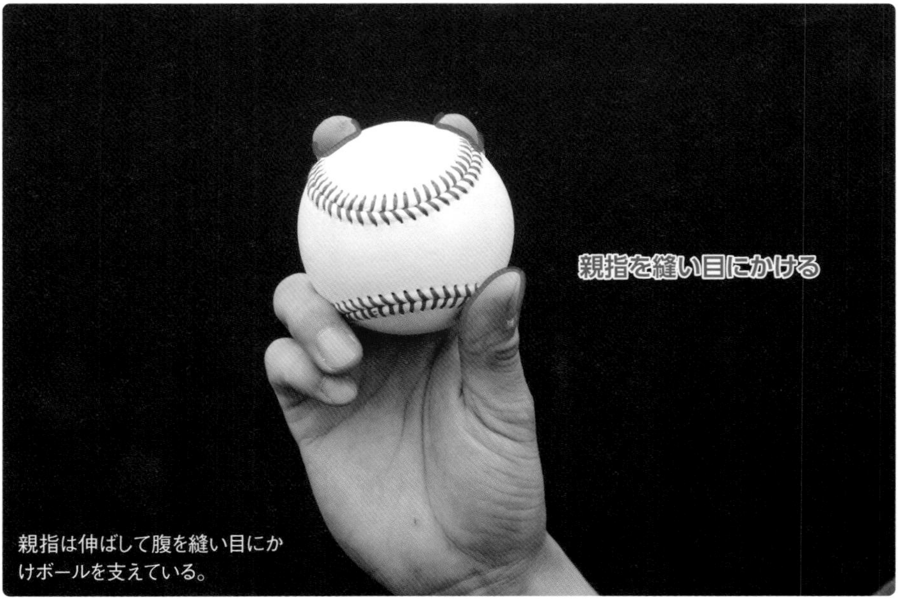

親指は伸ばして腹を縫い目にかけボールを支えている。

PLAYERS VOICE

右投げ／オーバースロー

基本的にはストレートと同じ握り方ですが、少しシュート回転をかけたいので、中指の外側で押せるように縫い目にかけています。

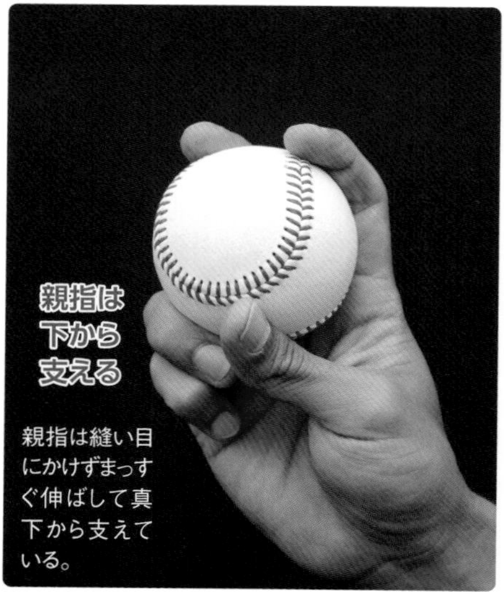

親指は縫い目にかけずまっすぐ伸ばして真下から支えている。

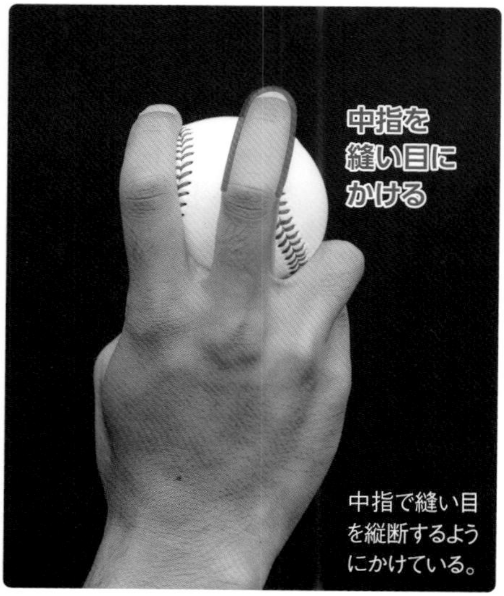

中指で縫い目を縦断するようにかけている。

PLAYERS VOICE

右投げ／オーバースロー

縫い目に指をかけず、親指、人差し指、中指をすべて立て、指の先端で押さえるように握ります。腕の振りはストレートと同じです。

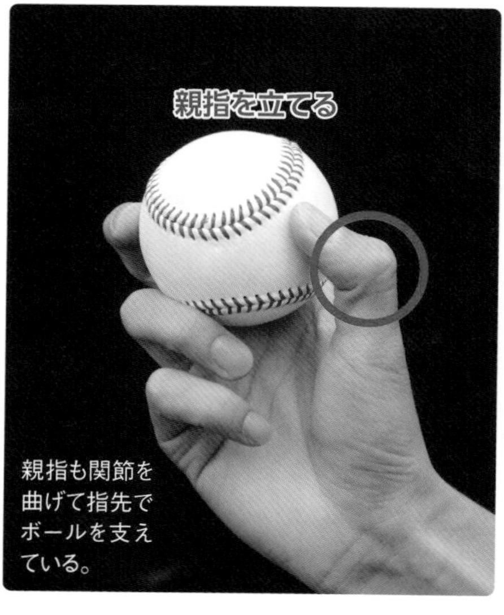

親指も関節を曲げて指先でボールを支えている。

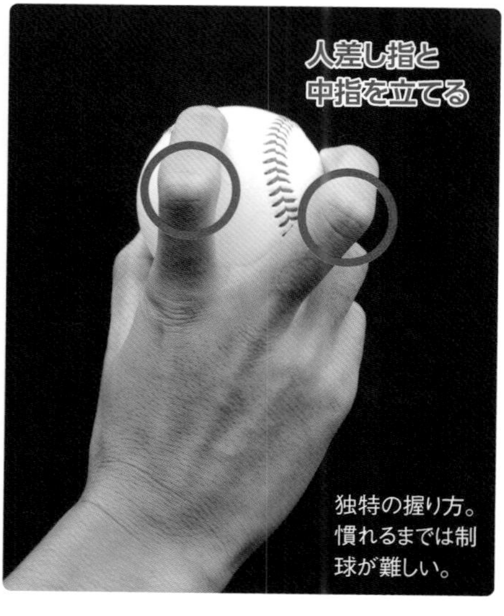

独特の握り方。慣れるまでは制球が難しい。

PLAYERS VOICE

左投げ／スリークォーター

人差し指と中指を縫い目にかけるツーシームに近い握り方です。腕はストレートと同じように力強く振ることを意識しています。スリークォーターなので自然とシュート回転がかかります。

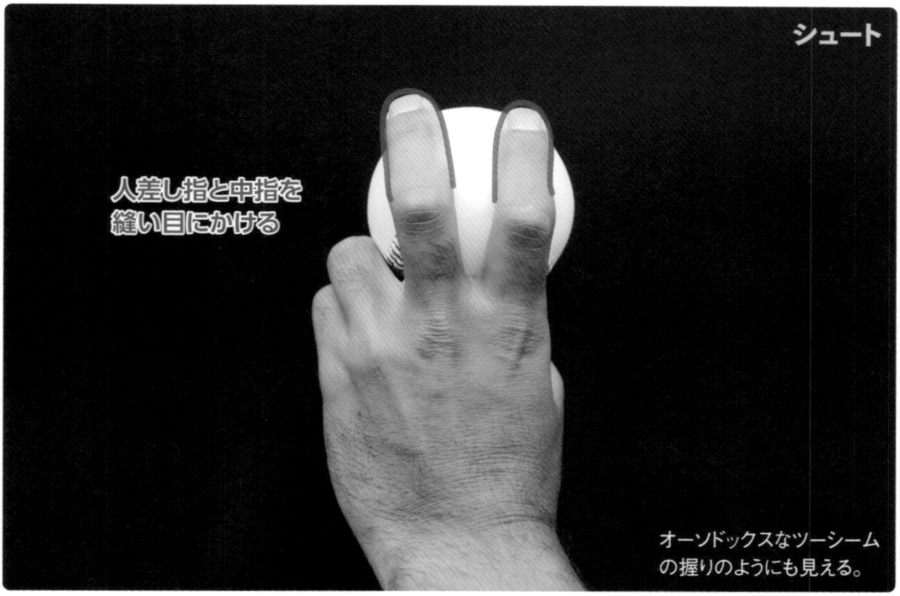

オーソドックスなツーシーム
の握りのようにも見える。

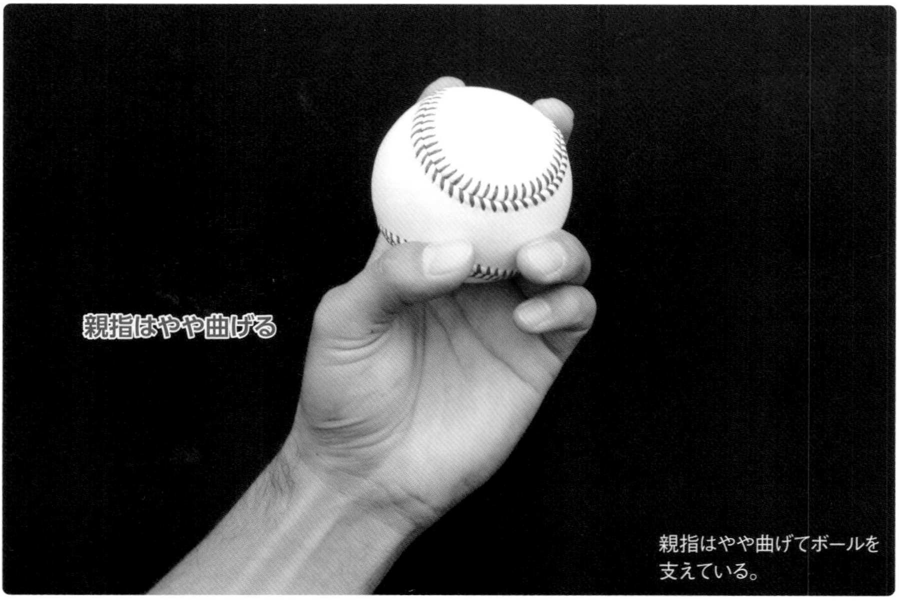

親指はやや曲げてボールを
支えている。

試合前にもう一度！

ココだけはチェック

変化球には変化量の大きさで勝負するものと、ストレートとの球速差、つまり緩急で勝負するものがある。自分の目指すスタイルに合った変化球を見つけて武器になるまで磨きをかけよう。

CHECK POINT

ストレートとの球速差や落差が大きな変化球

カーブ　チェンジアップ　フォーク　スプリット

これらの変化球は多投するよりもストレートに織り交ぜながら使うと大きな威力を発揮する。

CHECK POINT

右打者に対して 内に食い込む変化球

ツーシーム　シュート

内に食い込むため打者の上体を起こすことができる。外に逃げていくスライダーと併せて使えれば、横に大きくゆさぶることができる。

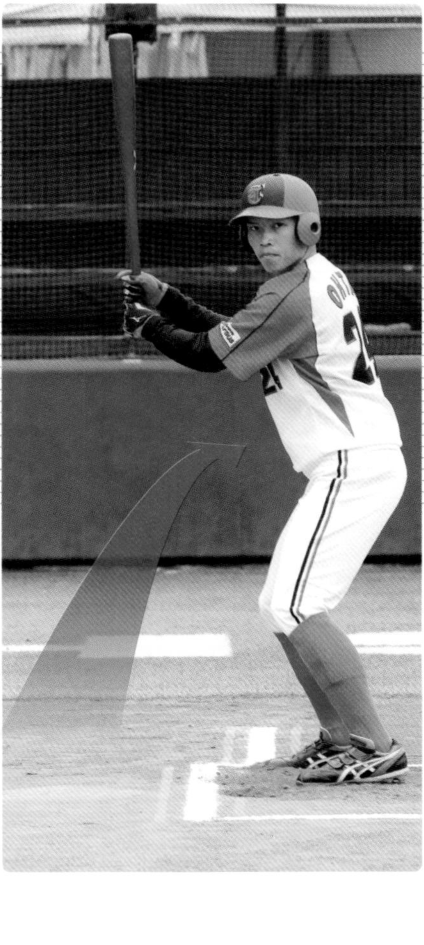

CHECK POINT

右打者に対して 外に逃げていく変化球

スライダー　カットボール

ストレートに近い球速でありながら外へ逃げていく。変化量があれば打者は踏み込まなければ打てないので、大きな武器になる。

COLUMN

配球のセオリー④

1ボール後の2球目は投手が不利

1ボール0ストライクは、投手が不利なカウントといえる。次もボールになるとバッティングカウントになってしまうので、ボールは投げたくないが、かといって安易にストライクゾーンに投げると打たれるのではないかという心理的なプレッシャーもある。

一方、打者としてはストライクを見逃したとしても1ボール1ストライクなので5分。つまり2球目は、狙い球を絞った思い切りのよいスイングができるということだ。

問題は投手の調子だ。調子は悪くないという状況での1ボール0ストライクなら、2球目も際どいコースを攻めたい。ストライクゾーンに入れることが重要だが、甘いコースには投げたくない。1球目の見逃し方や過去の対戦などから打者の狙い球が推測できそうなら、狙いとは違う球種で確実にストライクゾーンに投げるのも有効だろう。

投手の調子が悪くコントロールが定まらないという状況では、コースを攻めてもカウントを悪くするだけ。そのようなときは、インコースとアウトコースというように大まかに2分割して、その中に決まればいいというくらいの気持ちで投げよう。たとえ同じ球種を続けたとしても、左右へ揺さぶるだけで打者にとっては厄介なものである。

PART

4

ワンランク上の投手を目指す

ワンランク上の投手を目指すために習得しておきたいポイントを解説する。PART1の基礎を正確に身につけ、自分が目指すべき投球スタイルが見えてきたら挑戦してみよう。

さらなる成長を目指して 自分に足りない技術を身につけよう

1 ステップ①

P104へGO!

踏み出し足をステップさせるとき、軸足のヒザは三塁側に向けておく。これによって軸足で地面反力を受けやすくなり、並進運動が長くとれる。

4 上半身の回転②

P110へGO!

踏み出し足をステップしたときに胸が三塁側を向いていると、打者にとってはボールの出どころが見えづらくなる。

2 ステップ②

P106へGO!

踏み出し足のヒザの角度は人それぞれだが、球速重視なのか、制球力重視なのかを基準に変えてみてもよいだろう。

3 上半身の回転①

P108へGO!

上半身をスムーズに回転させるには、頭と体幹を傾けないこと。またワキを直角に空けると腕をしならせやすくなる。

5 腕の振り①

P112へGO!

腕の振りは直線的な軌道か、円に近い軌道かにわけられる。これも球速と制球力のどちらを優先させるかで変えてみてもよいだろう。

6 腕の振り②

P114へGO!

リリースポイントが前になるほどボールは右打者のアウトローに集まりやすくなる。ボールを低めに集めるには必ず習得しておきたい技術だ。

軸足のヒザはできるだけ三塁側へ向けた状態を保つ

3 ステップ時に本塁を向く

ここでヒザは本塁を向く。並進運動によって大きくステップできている。

ヒザを内側に入れずに地面を押し続ける

投球動作のステップ局面では、できるだけ地面と平行に進む並進運動を長くおこないたい。

ポイントは軸足のヒザの向きにある。軸足のヒザが内側に入ると重心が下がり並進運動がしづらくなる。ヒザを内側に入れずに、地面を二塁方向へ押し続けることが重要だ。これができれば本塁方向への地面反力を並進運動の動力にできる。

地面反力なしにカラダを本塁方向へ移動させようとすると、上体が前に突っ込んで、右ヒジが下がったままトップをつくることになってしまう。投球動作は下半身を使っておこなうことが大切だ。

郵便はがき

162-8445

新宿区新小川町一-七

成美堂出版

愛読者係 行

恐縮ですが
切手をおは
りください

愛読者カード

◆本書をお買い上げくださいましてありがとうございます。

これから出版する本の参考にするため、裏面のアンケートにご協力ください。
ご返送いただいた方には、後ほど当社の図書目録を送らせて戴きます。
また、抽選により毎月20名の方に図書カードを贈呈いたします。当選の方への発送をもって発表にかえさせていただきます。

ホームページ　http://www.seibidoshuppan.co.jp

＊お預かりした個人情報は、弊社が責任をもって管理し、上記目的以外では一切使用いたしません。

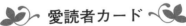

お買い上げの本のタイトル（必ずご記入下さい）

●本書を何でお知りになりましたか？

□書店で見て　□新聞広告で　□人に勧められて

□当社ホームページで　□ネット書店で　□図書目録で

□その他（　　　　　　　　　　　　　）

●本書をお買い上げになっていかがですか？

□表紙がよい　□内容がよい　□見やすい　□価格が手頃

●本書に対するご意見、ご感想をお聞かせください

ご協力ありがとうございました。

お名前（フリガナ）	年齢　　歳	男・女
	ご職業	
ご住所　〒		
図書目録（無料）を	希望する□	しない□

軸足のヒザの向き

1 つま先とヒザは同じ向き

2 地面を踏み込み並進移動

軸足で地面を踏み込み並進運動を長くする。

POINT
軸足のヒザを内側に入れない！

軸足のつま先とヒザはともに三塁を向き地面を踏み込む。

☑ CHECK POINT

技術 TECHNIQUE

軸足のヒザが内側に入ると並進運動がしづらい

軸足のヒザが内側に入ると重心が下がりやすい。すると地面反力を受けづらくなり、結果的に並進運動もしづらくなってしまう。

踏み出し足のヒザの角度で球の質が変わる

踏み出し足のヒザの角度比較

POINT
どの角度であれ
まっすぐ
踏み出す！

ヒザを曲げる
ヒザを直角に近い角度まで曲げている。リリースポイントが安定しやすい。

目指す投球スタイルから最適な角度を見つけよう

踏み出し足のヒザは、つま先と同じく本塁方向へまっすぐ出すことが大切だが、このとき自分のヒザの角度を意識したことはあるだろうか？

上の写真にあるように踏み出し足のヒザの角度は人それぞれ。深く曲げる人もいれば、曲げない人もいる。

ヒザを深く曲げるとリリースポイントを保ちやすいので制球力を重視している投手に合っている型といえるだろう。

一方、ヒザを伸ばすと回転軸が安定するので、踏み出し足の股関節を支点に鋭く回すことができる。つまり球速重視の投手に合っている型といえるだろう。

ヒザをやや曲げる

最も多いのがこのタイプだろう。球速と制球力のバランス型といえる。

ヒザを曲げない

手足の長い外国人や投げるイニングの少ない抑え投手に多い傾向がある。

← 球速重視

CHECK POINT

TECHNIQUE

技術

踏み込み足着地時に左股関節を落とさない

踏み込んだときに左股関節が落ちてしまうと地面反力をロスしやすい。すると回転運動に力をうまく伝達できなくなるので、股関節は落とさずにキープできるようになろう。

頭や体幹を傾かせずにワキを直角に保つ

○

**頭を傾かせず
ワキは直角**

ヒジが肩の高さにある状態で体幹を回転できると、肩が後ろに回り（外旋）腕がしなる。

POINT
**腕がしなる
ワキの角度を
覚える！**

正しいワキの角度が腕のしなりをつくる

上の写真のように、胸を張ったタイミングで右肩が外旋する（後方へ回る）のは、自らの意思でおこなっているわけではない。体幹を回転させることで自然となるものだ。

この外旋によって腕がしなるわけだが、もし肩が外旋しない、つまり腕がしならないという投手がいたら、右ワキの角度を見直してみるとよい。

体幹の回転を肩へ伝えるには、頭を傾かせず右ワキを直角に近い角度に保つ必要がある。右ヒジが下がりワキが鋭角になると外旋しづらく、頭が傾いているとそもそもの体幹の回転がしづらくなる。

×

頭が傾く

下半身を使えないとこの姿勢になりやすい。これでは体幹をスムーズに回転することができない。

×

ワキが鋭角になる

ヒジが下がると肩が外旋しづらくなるので腕のしなりも期待できない。またヒジにも負担がかかる。

☑ CHECK POINT

技術 TECHNIQUE

体幹の動きに合わせて肩と上腕を並進させる

胸を張るイメージが強いせいか、肩が置いていかれる投手がいるが、これは肩への負担が大きい。瞬間的に外旋こそするが、すばやく体幹の動きに同調させ、肩と上腕を前に並進させることが大切だ。

カラダの開きが早いと手投げになりボールの出どころが見えやすい

×

カラダの開きが早い

踏み出し足をステップしたときに上半身も回っていることを「カラダの開きが早い」と表現する。打者にとってはボールの出どころが見えやすいのでタイミングを合わせやすい。

打者にギリギリまでボールを見せない

速いストレートは大きな武器になるが、速いのに打たれる投手もいれば、遅いのに打たれづらい投手がいるのも事実。プロ野球にも130㎞／hのストレートで三振を奪う投手がいる。そのような投手はよく「球の出どころが見えづらい」といわれている。

上の写真は踏み出し足が着いた瞬間のもの。〇はカラダを開いていないので、回転運動の力を腕に伝えられ、同時にボールが見えづらいというメリットがある。一方、×はカラダをすでに開いているため、回転運動を効果的に使えず手投げになる。また打者にボールを早期に確認されやすくなる。

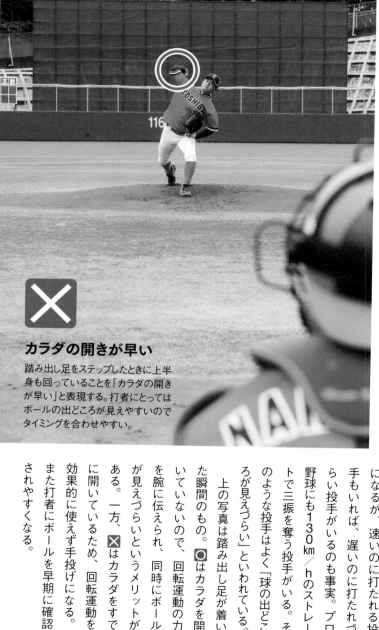

POINT

肩の回転を抑える！

〇

カラダが開いていない

踏み出し足をステップしたときに胸が三塁側を向いている。体幹が大きくねじれるので回転運動が加速する。打者にとってはボールの出どころも見えないのでタイミングをつかみづらい。

☑ CHECK POINT

TECHNIQUE

技術

軸足で地面を押し続けることが大切

カラダの開きばかりに気をとられると、意識が上半身に向かいがちになる。だがカラダの開きを遅らせるために大切なことは、軸足で地面を押し、反力を得ながら並進運動を長くとること。ここが疎かにならないように。

直線軌道か円軌道かイメージしながら腕を振る

テイクバックから胸を張ってトップをつくる。

テイクバックから肩の開きを抑えたトップ。

腕の振りとヒザの角度を組み合わせて考える

踏み出し足のヒザを伸ばすのか曲げるのかは、投球スタイルによるという解説をした（p106）。

腕を直線軌道のイメージで振るか、円軌道のイメージで振るかも同じように投球スタイルによる。直線軌道で振るということはリリースポイントが長く取れるため制球が安定しやすい。

一方、円軌道で振るということは、遠心力をいかして腕を鋭く振れるがリリースポイントは1点になる。

これに先ほどのヒザの角度を組み合わせて自分にとって最適なフォームを探求してみよう。正解はひとつではないので、試行錯誤することも大切だ。

リリース間際で直線的なイメージをもつとリリースポイントが安定する。
制球力重視の投手に合った腕の振りといえる。

POINT
どちらも腕をしっかり振りきる！

リリース間際で円軌道のイメージをもつとリリースポイントが1点になるが、
腕をしっかり振りきれる。球速重視の投手に合った腕の振りといえる。

☑ CHECK POINT

技術 TECHNIQUE

肩の上にある筒の中を通すイメージ!?

コントロールが定まらない投手へ「肩の上にある筒の中を通すイメージで投げろ！」というアドバイスがある。腕の振りを直線に近づけたい制球力重視の投手は試してみてもよいだろう。

3つのポイントがリリースポイントを前にする

リリースポイントを安定させる投げ方

1 地面反力を得ながら並進運動

踏み出し足をできるだけ遠くへ着くには地面反力を得ながら並進運動をおこなう。

アウトローに集めて打たれづらい投手になる

打者にとってアウトローはバットが届きづらいので厄介である。ここにボールを集める制球力は、投手であれば誰もが欲しいだろう。

アウトローにボールを集めるにはリリースポイントをできるだけ前（本塁寄り）にしたい。右投手は、右上から左下へ斜めに腕を振るので、リリースポイントが前になればそれだけ右打者のアウトローに集まりやすいというわけだ。

そのポイントは3つ。1つ目は並進運動をできるだけ長くすること。2つ目は左股関節を支点に回ること。そして最後は股関節から上体を前に倒すことだ。

3 股関節から上体を前に倒す

POINT
左股関節を支点にする！

2 左股関節を支点に回転運動

カラダの中心ではなく、踏み出した左股関節を支点に回転する。

回転しながら同時に上体を前に倒していく。つまり斜めに回転するようなイメージ。

◀◀◀

☑ CHECK POINT

技術 TECHNIQUE

フォロースルーで踏み出し足に体重が乗っているか!?

フォロースルーの姿勢を見たら並進運動がしっかりできているかがある程度わかる。体重が踏み出し足に乗っている形がよい姿勢。この乗りが甘く、軸足をすぐに着いてしまう人は、並進運動がうまくできていない可能性がある。

▶ さまざまな選手のステップと腕の振り

左股関節が下がらず回転運動へと力を伝えられている。大きく胸を張り腕もしなっている。

上体をきれいに前に折りながら投げている。ヒザは少し曲げる程度だろうか。

踏み出し足をまっすぐ前に踏み出し胸を張っている。顔もまっすぐ本塁に向けている。

ヒザは直角に近い。見るからにリリースポイントが長く安定している投げ方だ。

PLAYERS DATA

【力強いストレートが武器の本格派右腕】

軸足荷重で並進運動。体幹が傾くことなく垂直を保っている。

踏み出し足をとても大きく前にステップしてトップをつくっている。

PLAYERS DATA

【腕が鋭く振れるサイドスロー右腕】

踏み出し足を二塁側へスイングさせながら、ヒップファーストで並進運動をおこなっている。

サイドスロー投手独特のトップだが、ヒジはしっかりと肩の高さまで上がっている。

ココだけはチェック

疲労が溜まる試合終盤は正しいフォームを維持することが難しくなる。わかっていても下半身が使えず上半身に頼った投球になることがある。ここではそんなときに確認しておきたいポイントを中心に紹介する。試合中でのフォーム修正に役立ててほしい。

CHECK POINT

軸足のヒザが内側に入っていないか？

疲れてくると下半身を使った投球ができなくる。軸足のヒザが内側に入るのもそのひとつ。並進運動が短くなってしまうので気をつけよう。

CHECK POINT

リリースポイントは前で安定しているか？

低めに球を集めるにはリリースポイントをできるだけ前にしたい。そのためには下半身を使った並進運動、左股関節を支点にした回転運動、さらには上体を前に倒す動作が必要になる。できているか確認しよう。

CHECK POINT

カラダの開きは早くないか？

試合終盤に疲れが溜まってくると、起こりやすい。カラダの開きが早くなればボールの出どころも見えやすくなるので注意しよう。踏み出し足着地時の胸は三塁側を向く。

CHECK POINT

自分に合った腕の振りやヒザの角度になっているか？

目指すべき投球が速球派なのか、技巧派なのかによって、腕の振りやヒザの角度にはある程度の方向性が見えてくる。自分の理想のスタイルと腕の振りやヒザの角度がマッチしているか改めて確認しておこう。

COLUMN

配球のセオリー ⑤

インコースとアウトコースの投げ分け

インコースとアウトコースの投げ分けについて考えてみよう。たとえば、変化球を使わない、または1種類程度しかないという少年野球や学生野球であれば、コースを投げ分けて打者を打ち取るという配球はとても有効になる。

なぜなら、投手は同じ場所からほぼ同じフォームでインコースとアウトコースに投げ分けることができるが、打者は体幹の前傾角度や回転量などを調整しなければ、それぞれのコースを打つことが難しいからだ。一般的にインコースを打つ場合、打者は体幹を起こしたまますばやく回して開き気味に打つ必要があり、アウトコースでは体幹を前傾させて回転を抑えて打つ必要がある。

投手はインコースとアウトコースへ投げ分けるだけで、打者にこのようなフォームの変化を強いることができるのだ。これをくり返すことで、打者に普段どおりのスイングをさせないことができれば、投手の勝ちだ。

投手にとって変化球は当然大きな武器になるが、それは安定したストレートが前提にあっての話。まずはストレートをインコースとアウトコースへ投げ分ける技術の習得を目指そう。

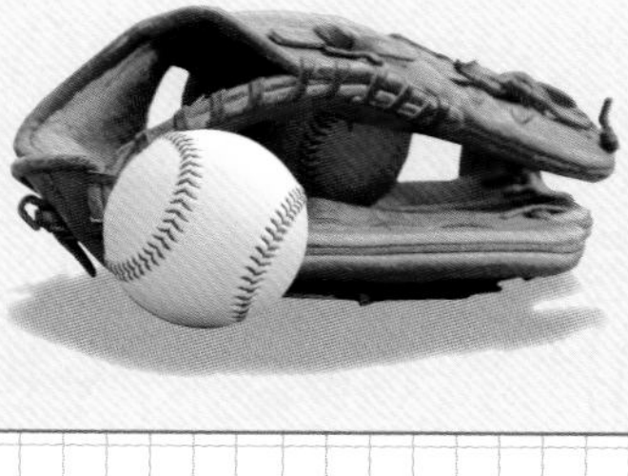

PART

5

状況別投球後の投手の動き

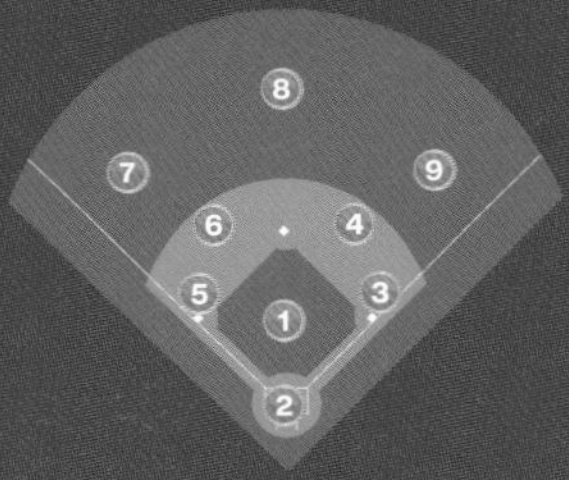

投球後の投手の動きを解説する。これはあくまでもスタンダードなパターンであり、細かい動きはチームによって異なることもあるので注意しよう。

投球後はひとりの内野手として ベースカバーやバックアップへ入る

1 CASE01・02 走者なし

P124へGO!

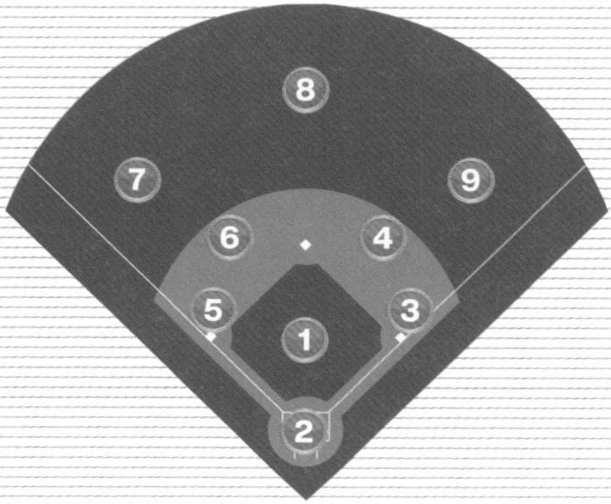

打球 ファーストゴロ
膨らみながら一塁のベースカバー

打球 ライト前ヒット
一塁ベースカバー、またはバックアップ

5 CASE09～12 一・三塁

P132へGO!

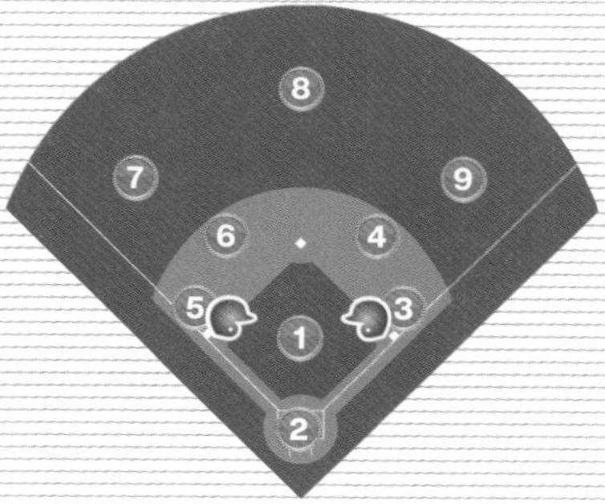

打球 ファーストゴロ①（前進守備）
本塁のバックアップとランダウンプレーに備える

打球 ファーストゴロ②（中間守備）
三塁走者次第だが基本は一塁ベースカバー

打球 センター前ヒット
ボールと三塁を結んだライン上でバックアップ

打球 センターフライ
ボールと本塁を結んだライン上でバックアップ

- 走者
- ① 投手
- ② 捕手
- ③ 一塁手
- ④ 二塁手
- ⑤ 三塁手
- ⑥ 遊撃手
- ⑦ 左翼手
- ⑧ 中堅手
- ⑨ 右翼手

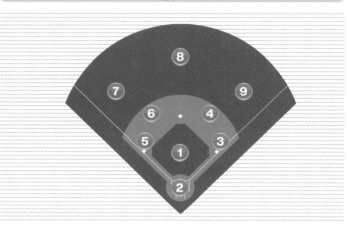

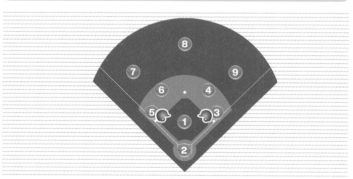

2 CASE03･04 一塁

▶ P126へGO!

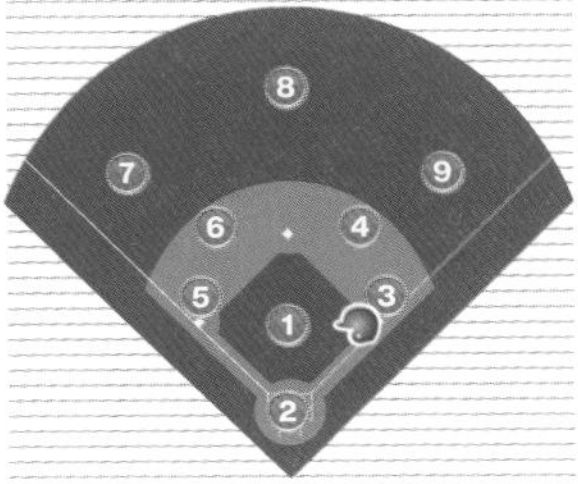

打球 レフト前ヒット
ボールと三塁を結んだライン上でバックアップ

打球 ライト前ヒット
ボールと三塁を結んだライン上でバックアップ

3 CASE05･06 二塁

▶ P128へGO!

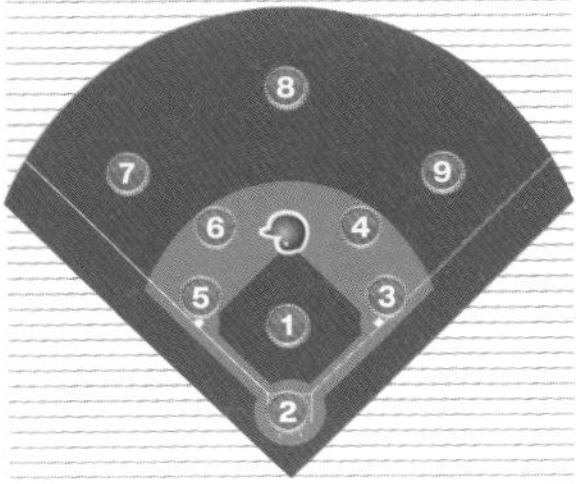

打球 センター前ヒット
ボールと本塁を結んだライン上でバックアップ

打球 センターフライ
ボールと三塁を結んだライン上でバックアップ

4 CASE07･08 三塁

▶ P130へGO!

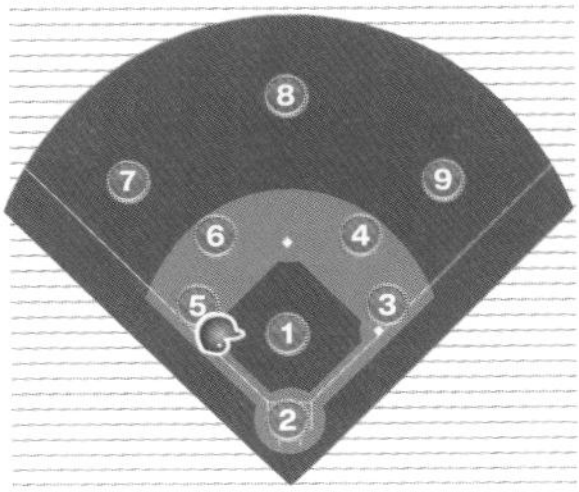

打球 キャッチャーゴロ
捕手への指示出しと本塁のベースカバー

打球 ファーストゴロ（中間守備）
打者走者との接触に注意して一塁ベースカバー

6 CASE13･14 二・三塁

▶ P136へGO!

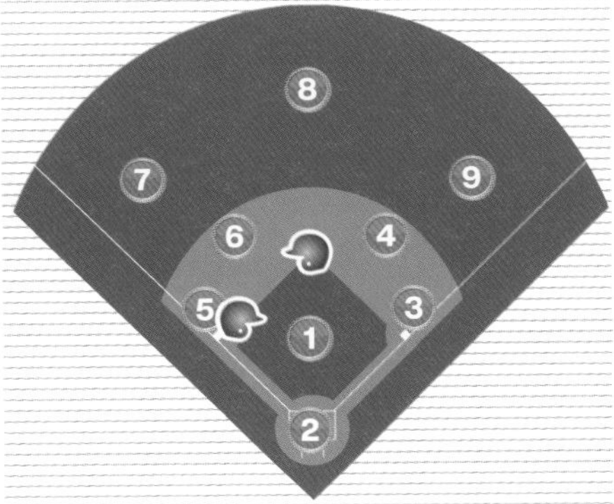

打球 ファーストゴロ①（前進守備）
本塁のバックアップとランダウンプレーに備える

打球 ファーストゴロ②（中間守備）
膨らみながら一塁ベースカバー

7 CASE15･16 満塁

▶ P138へGO!

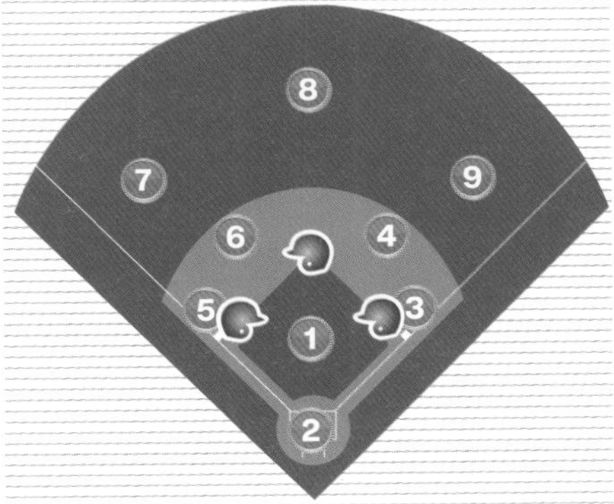

打球 ファーストゴロ①（前進守備）
送球の邪魔をしないためにも動かない

打球 ファーストゴロ②（中間守備）
アウトカウント次第だがゲッツー狙いなら動かない

ランダウンプレーとは？ 塁間にいる走者をはさんでアウトにしようとするプレー。「挟殺プレー」とも呼ぶ。

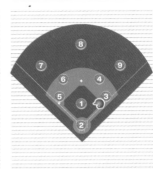

CASE 01

走者 ▶▶▶ なし　　**打球 ▶▶▶ ファーストゴロ**

投手は一塁方向へ打球が飛んだら、一塁ベースカバーへ向かうのが基本。ファーストゴロの処理は、投手とファースト、セカンドに高度な連携が求められる難度の高いプレー。

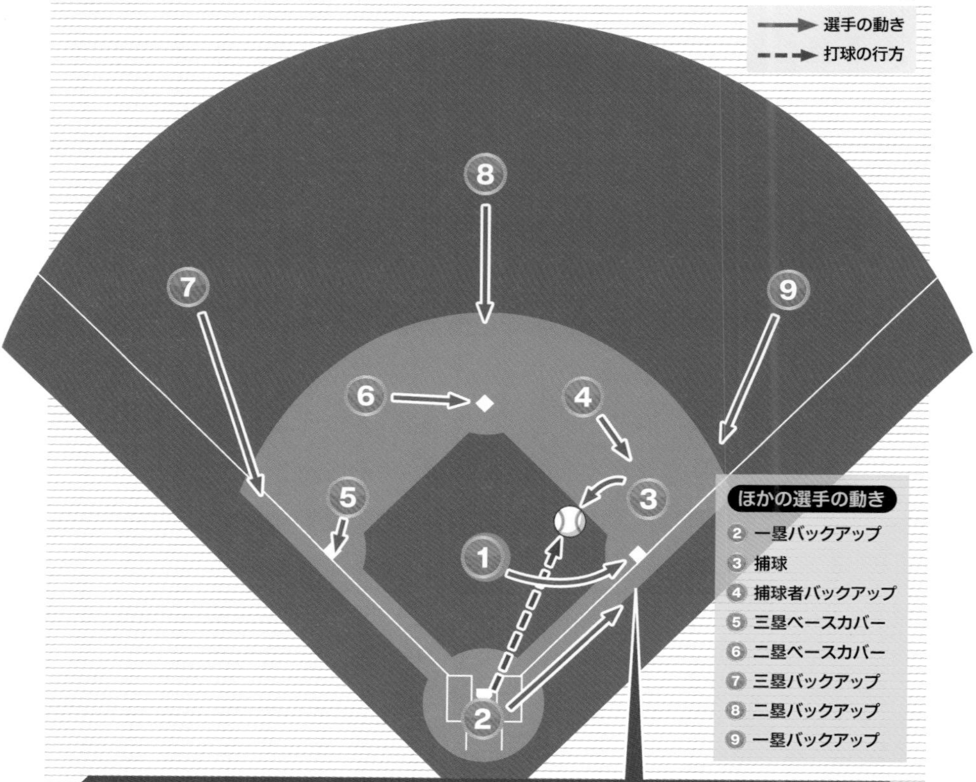

▶▶▶ 投手の動き

膨らみながら一塁のベースカバー

ファーストが打球処理をする。一塁ベースが空いているのでベースカバーへ向かう。打者走者との交錯を避けるため、膨らみながら向かい、捕球後はベースの左端を踏む。

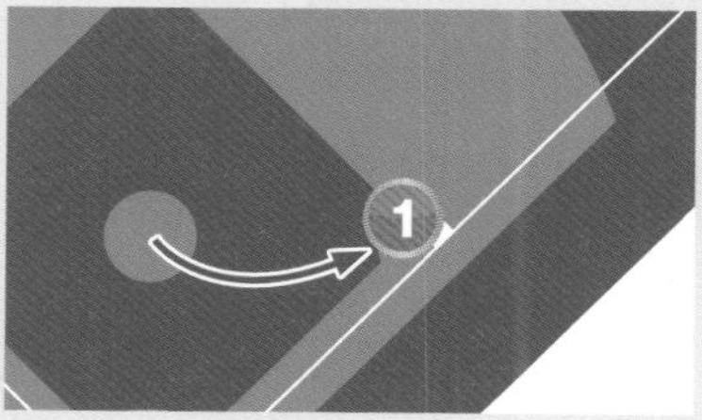

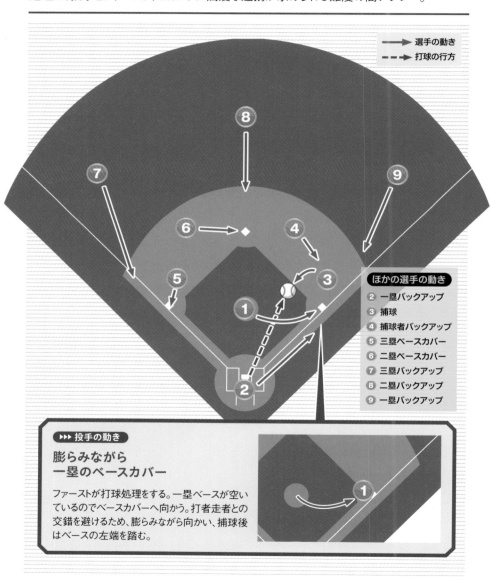

CASE 02

走者 ▸▸▸ なし　　打球 ▸▸▸ ライト前ヒット

ライト前ヒットの場合、打球の軌道によってはファーストが反応して飛びつくこともある。起き上がるのが遅れると一塁ベースカバーが空くため、投手がすばやく対応する。

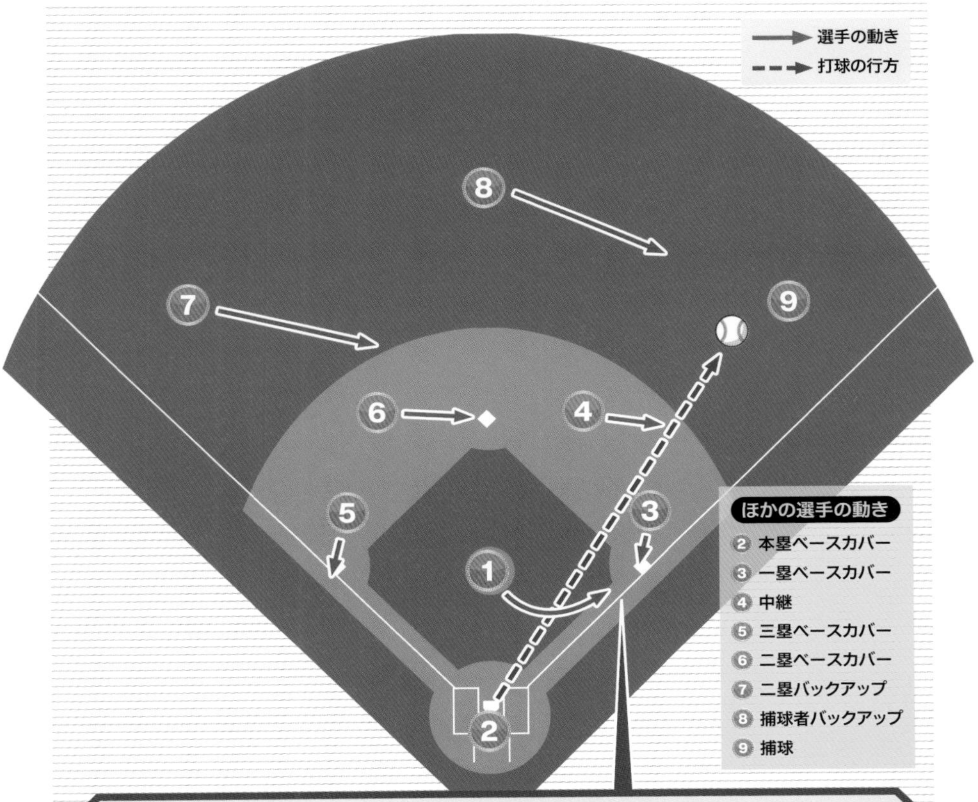

▸▸▸ 投手の動き

一塁ベースカバー、
またはバックアップ

ファーストの打球への反応次第で一塁ベースカバーなのか、一塁バックアップなのか臨機応変に動く。打球が速い場合はライトゴロも狙えるが、打者走者との接触には十分注意すること。

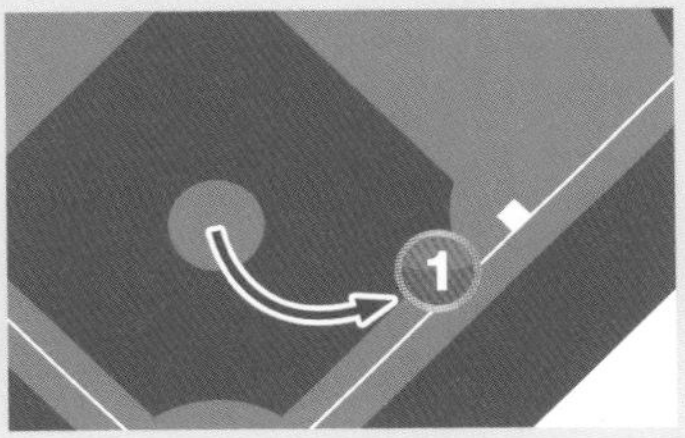

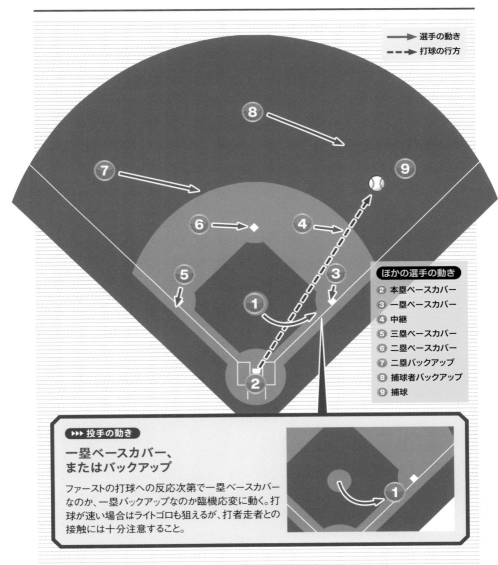

CASE 03

走者 ▶▶▶ 一塁　　**打球** ▶▶▶ レフト前ヒット

チームとしてのミッションは、一塁走者の三塁進塁阻止。慌てなければ難しいことはないが、三塁でクロスプレーになりボールを後逸することもある。投手は必ずバックアップへ向かう。

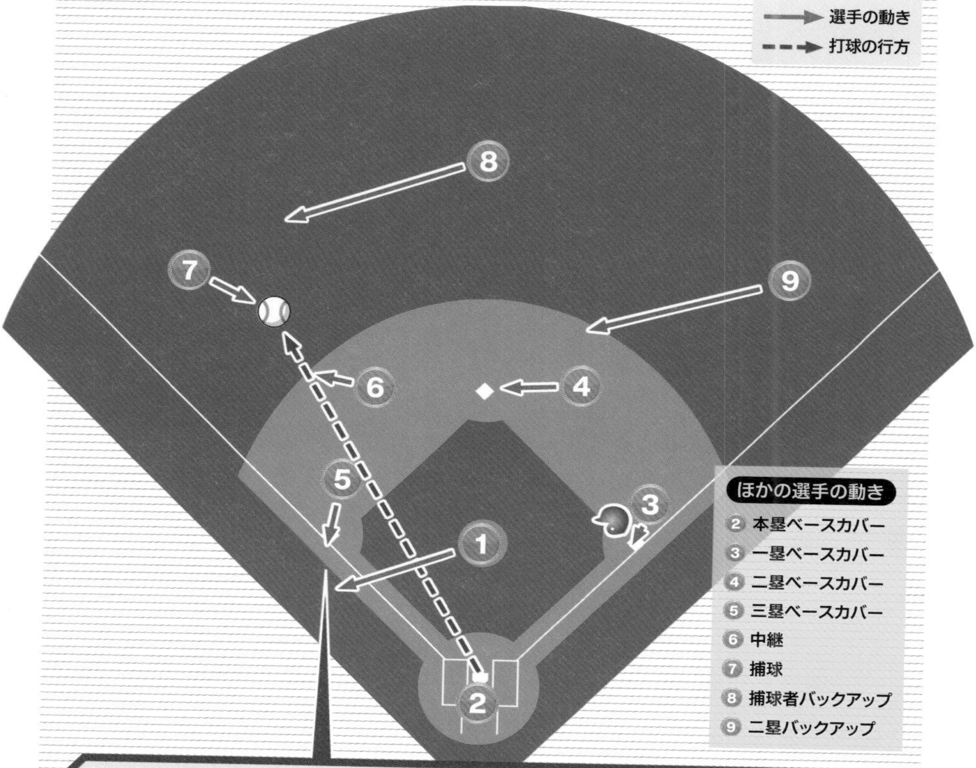

▶▶▶ 投手の動き

ボールと三塁を結んだライン上でバックアップ

レフト前ヒットでは、一塁走者は三塁を目指すため、三塁のバックアップへ向かう。このときサードがレフトからの返球を逸らす可能性を想定し、捕球できる位置に立つ。つまりボールと三塁を結んだライン上。

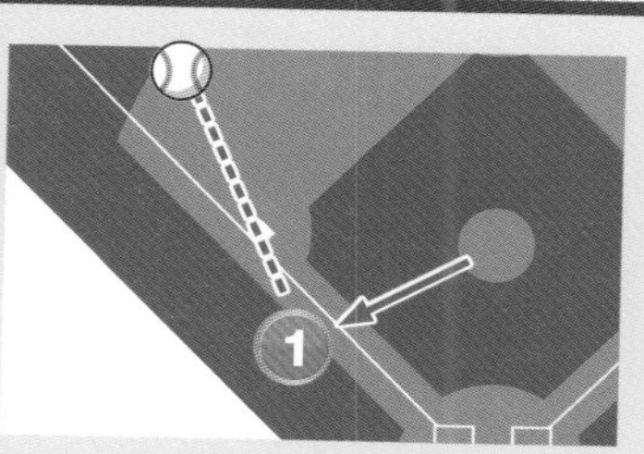

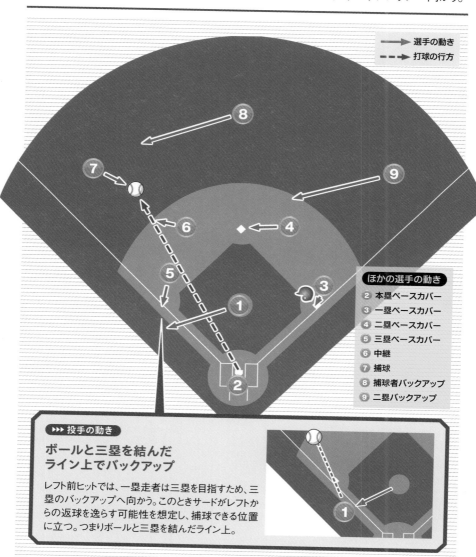

CASE 04

走者 ▸▸▸ 一塁　　打球 ▸▸▸ ライト前ヒット

捕球位置から距離があるため、走者は三塁を狙ってくる可能性が高い。ライトからの送球が逸れると失点につながるので、三塁バックアップはとても重要な任務になる。

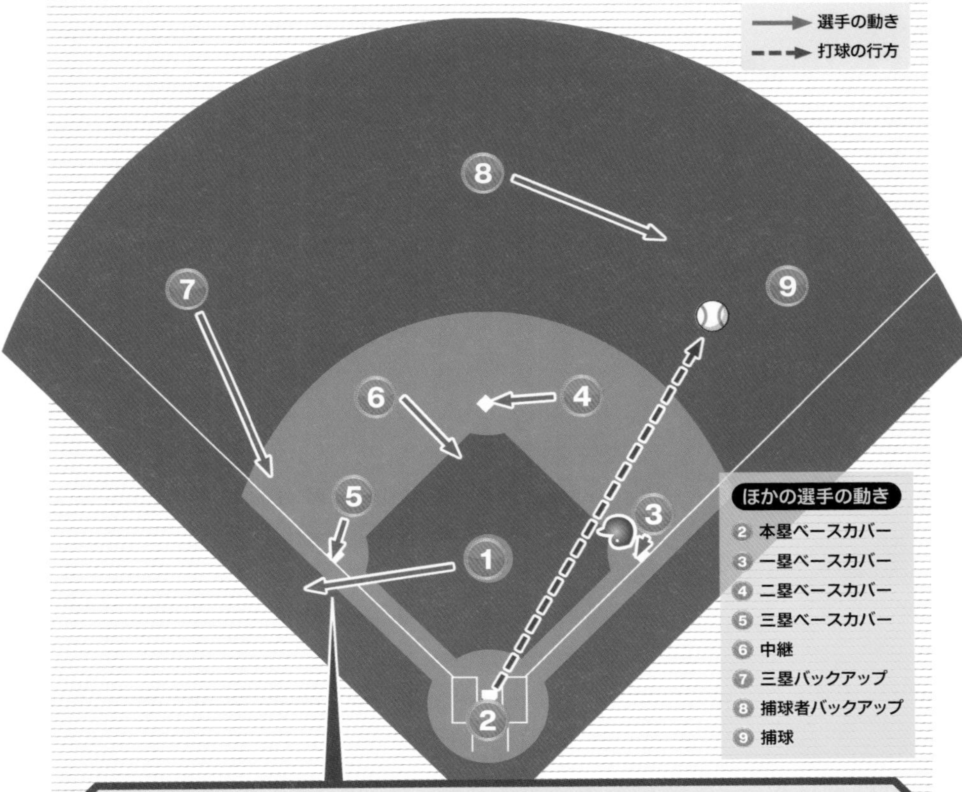

▸▸▸ 投手の動き

ボールと三塁を結んだライン上でバックアップ

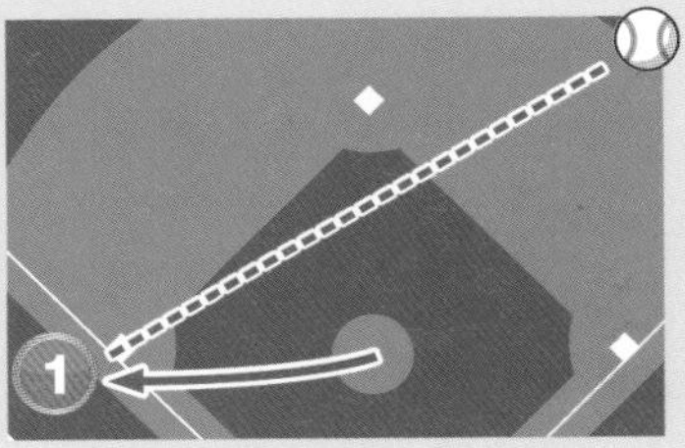

一塁走者は積極的に三塁を狙ってくる。ライトから三塁は距離があるため送球は逸れやすく、走者の背中などに当たることもある。投手はボールと三塁を結んだライン上でバックアップし対応できるように備える。

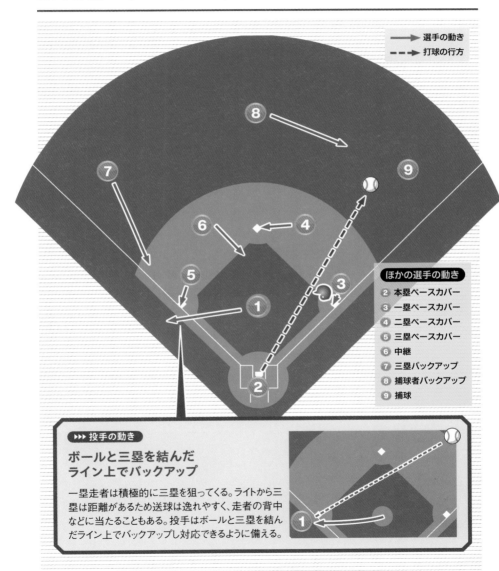

CASE 05

走者 ▸▸▸ 二塁　　打球 ▸▸▸ センター前ヒット

センター前ヒットでは、基本的に二塁走者を本塁でアウトにする、または三塁で止めることを優先させる。それが難しい場合は打者走者を二塁に進ませないことを考える。

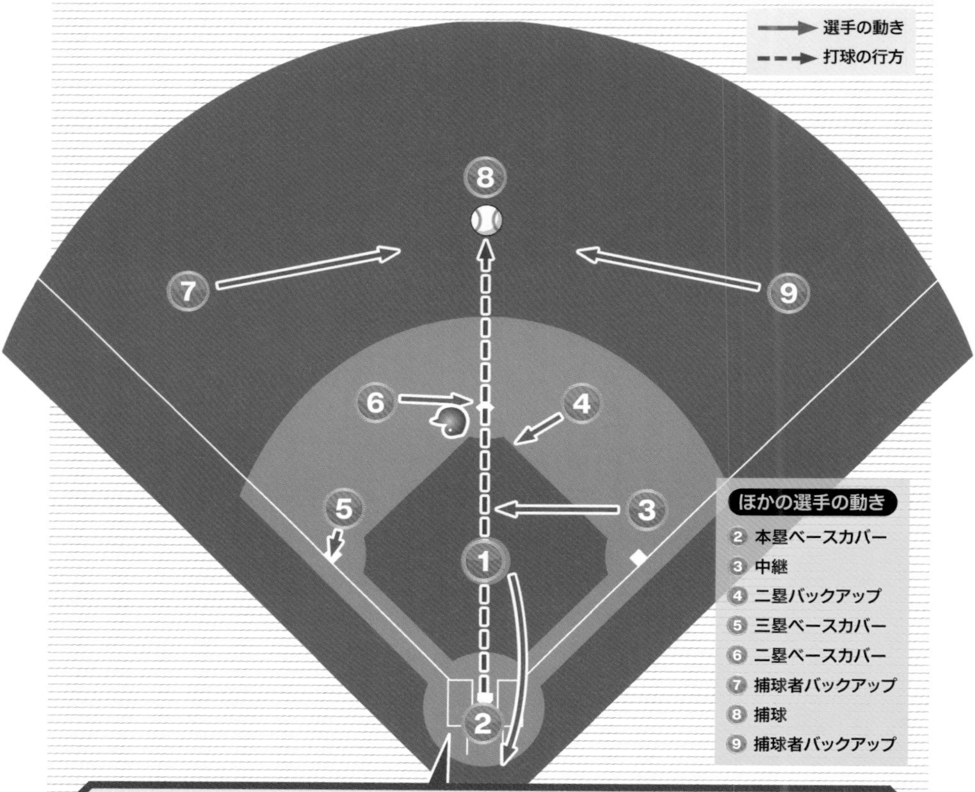

▸▸▸ 投手の動き

ボールと本塁を結んだライン上でバックアップ

本塁送球に備えてバックアップする。センターから直接送球される場合、マウンドでワンバウンドすると思わぬ方向へ跳ねることもあるので注意が必要。

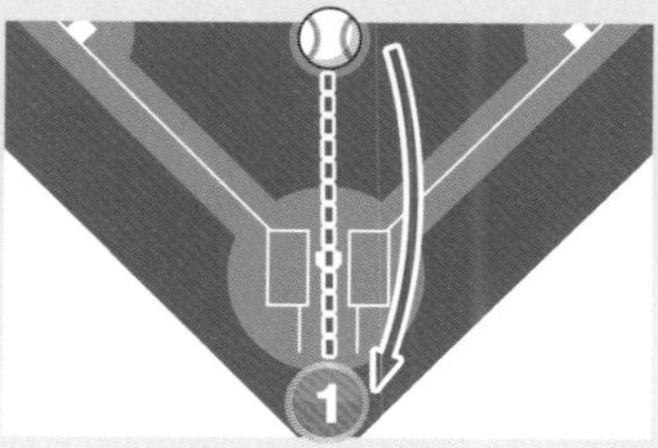

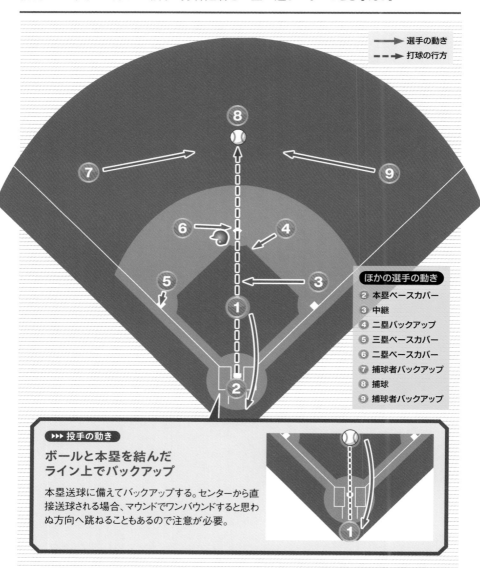

CASE 06

走者 ▸▸▸ 二塁　　打球 ▸▸▸ センターフライ

二塁走者の三塁へのタッチアップを想定する必要がある。投手は、たとえ打球が浅いときでも油断することなく三塁へのバックアップをおこなうこと。

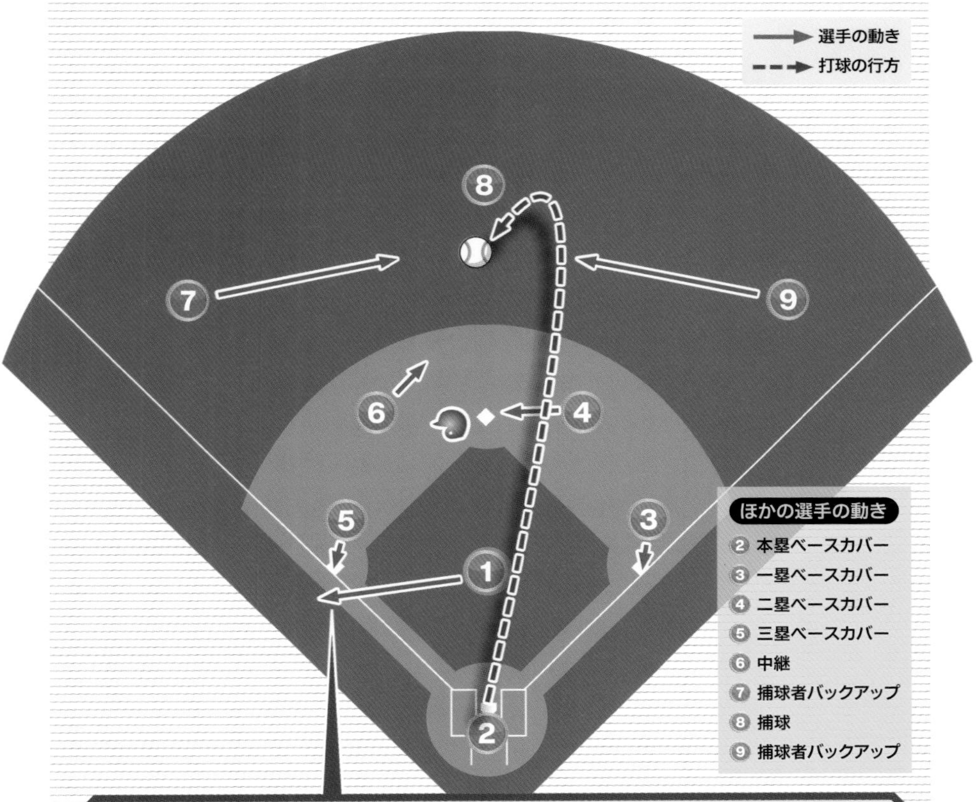

▸▸▸ 投手の動き

ボールと三塁を結んだライン上でバックアップ

二塁走者はタッチアップで三塁を狙ってくる。三塁への送球を後逸すると失点につながる可能性が高いので、投手は三塁バックアップを怠ることがないようにしよう。

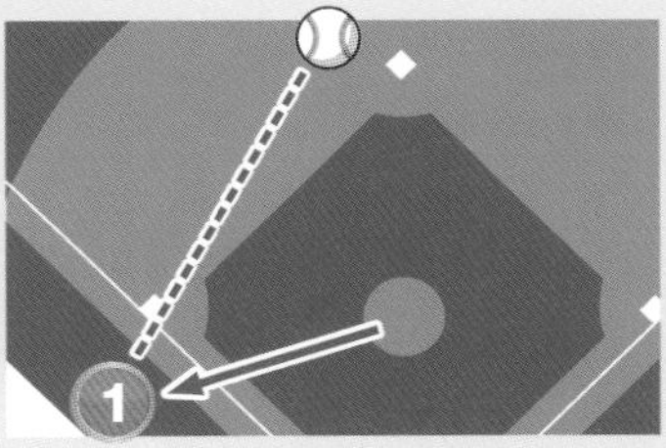

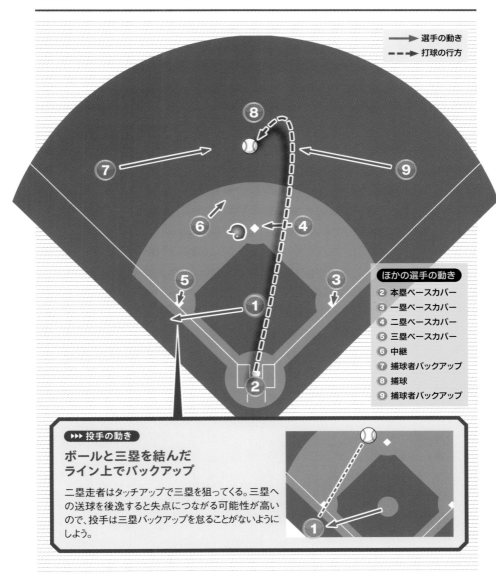

CASE 07

走者 ▶▶▶ 三塁　　打球 ▶▶▶ キャッチャーゴロ

三塁走者が本塁へ突入してきたら捕手がタッチをする。三塁へ帰塁したら捕手は一塁へ送球する。投手はすばやく状況を把握して捕手へ的確な指示を送りたい。

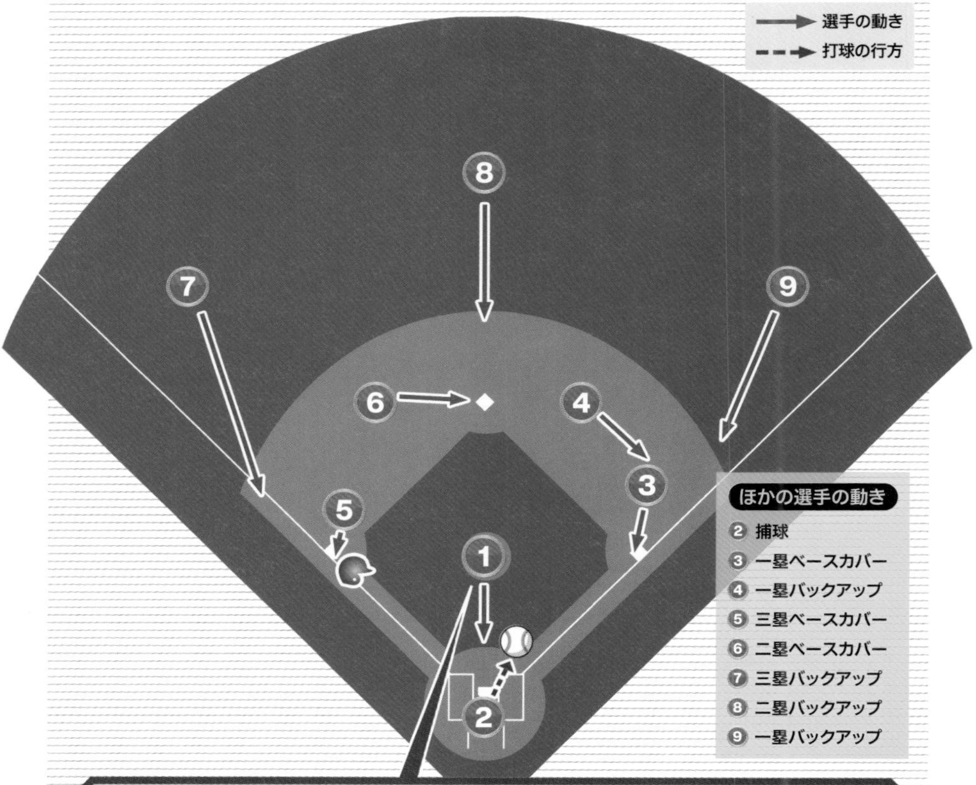

▶▶▶ 投手の動き

捕手への指示出しと本塁のベースカバー

捕手の捕球位置や三塁走者によって対応が変わるが、基本は捕手への指示出し。走者へのタッチか、一塁送球かを瞬時に判断する。三本間のランダウンプレーになれば本塁ベースカバーに入る。

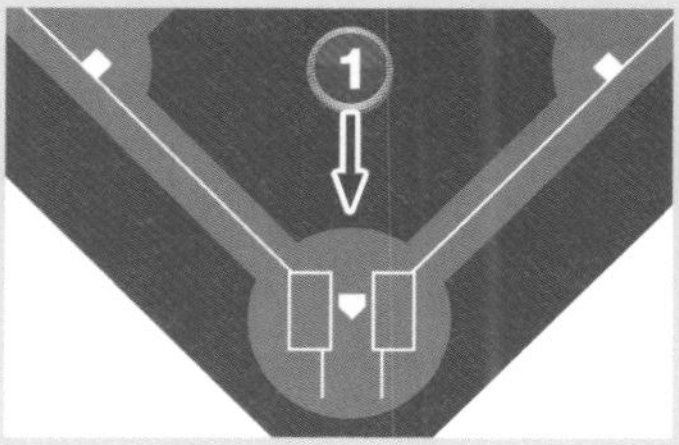

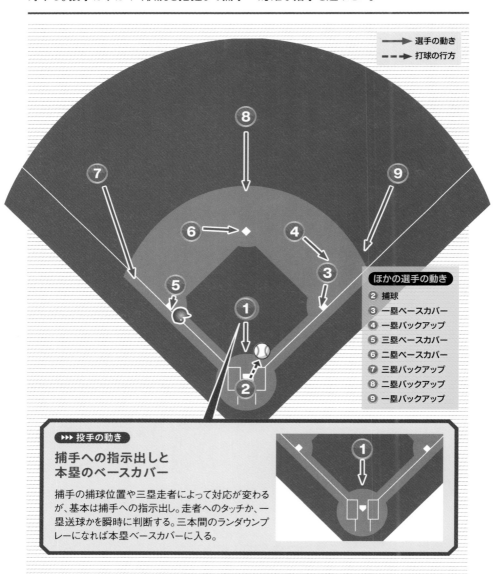

CASE 08

走者 ▸▸▸ 三塁　　打球 ▸▸▸ ファーストゴロ（中間守備）

三塁走者が本塁へ突進したらバックホーム、しなければ一塁で打者走者をアウトにするという中間守備。一塁手が後者を選択した場合は、投手が一塁ベースカバーに入るのがセオリー。

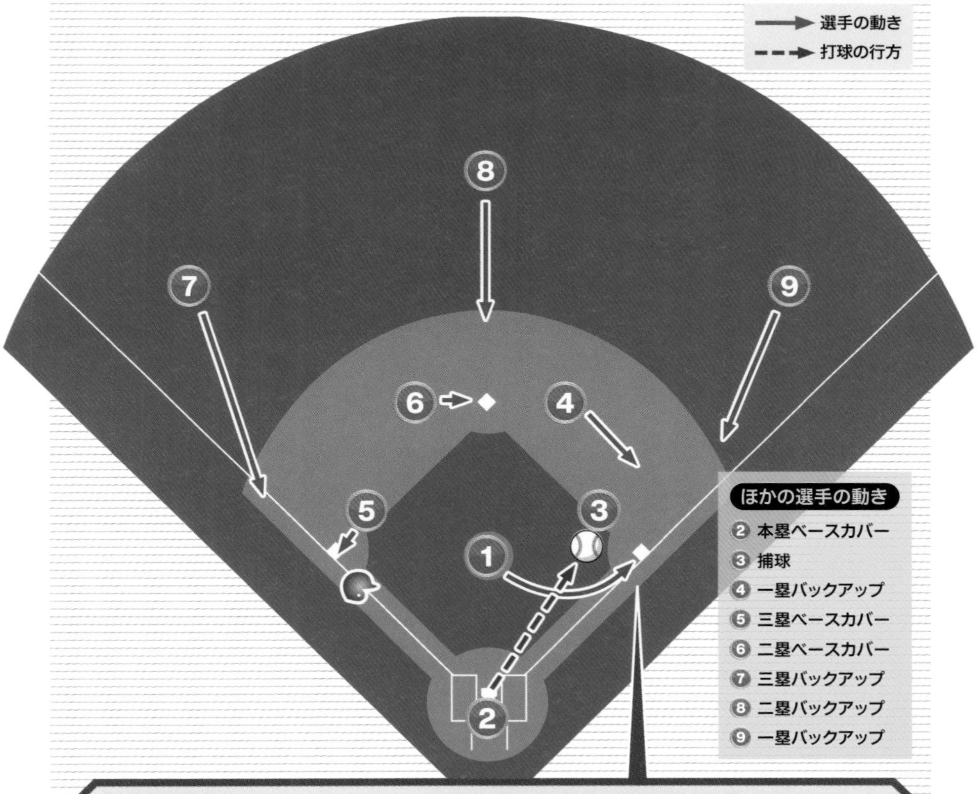

▸▸▸ 投手の動き

打者走者との接触に注意して一塁ベースカバー

本塁送球なら投手は本塁をバックアップし、ランダウンプレーになることも想定するが、中間守備からの一塁送球なので、打者走者との接触に気をつけて一塁ベースカバーに入る。

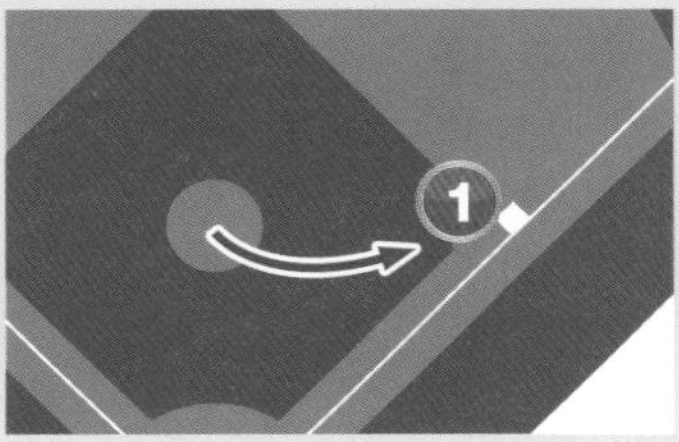

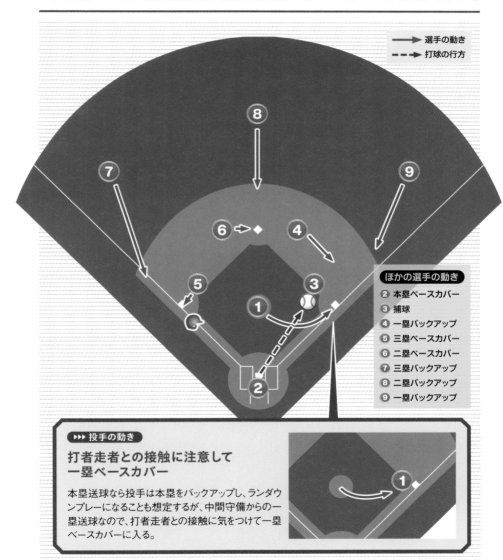

CASE 09

走者 ▶▶▶ 一・三塁　　打球 ▶▶▶ ファーストゴロ①（前進守備）

一点も失いたくない状況で内野は前進守備。一塁方向への打球なので、投手も打球に反応するが、一塁手捕球後はすぐに本塁バックアップへと向かう。

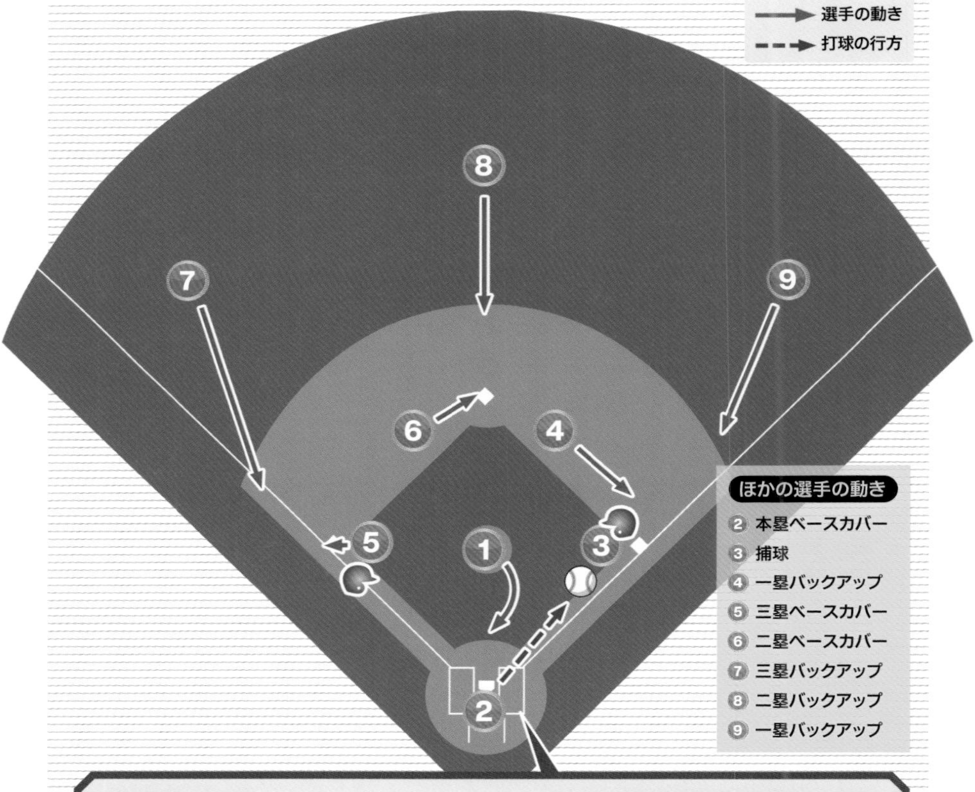

▶▶▶ 投手の動き

本塁のバックアップとランダウンプレーに備える

前進守備からの送球は距離が短いため捕球が難しくタイミングが合わずに後逸することもある。また三本間でのランダウンプレーになることも多いので、どちらが起きても対応できるように想定しておこう。

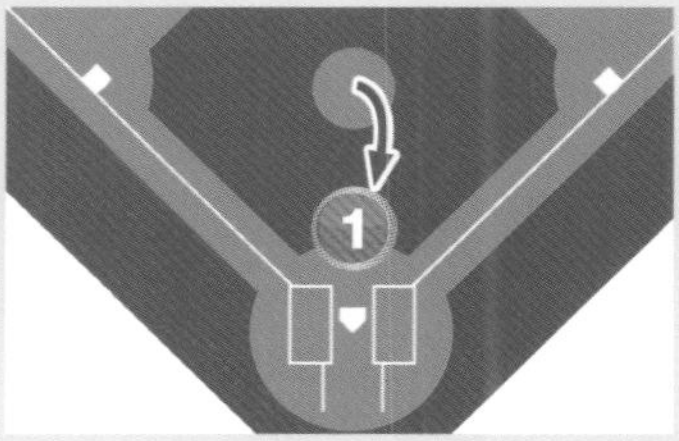

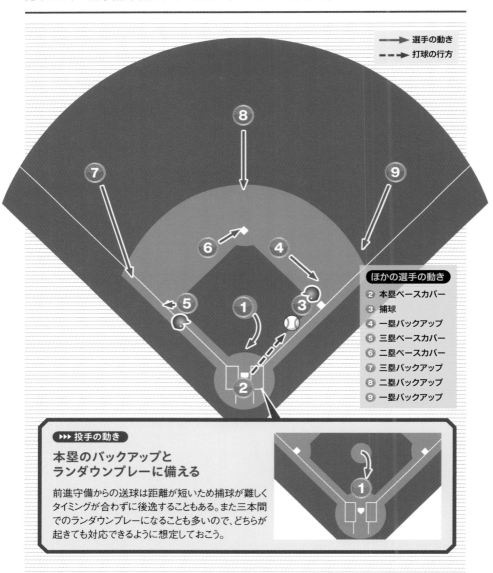

CASE 10

走者 ▸▸▸ 一・三塁　　打球 ▸▸▸ ファーストゴロ②（中間守備）

三塁走者が本塁へ突進したらバックホーム、止まったら3-6-3ゲッツー、または一塁で打者走者をアウトにするという中間守備。投手は一塁ベースカバーがセオリーになる。

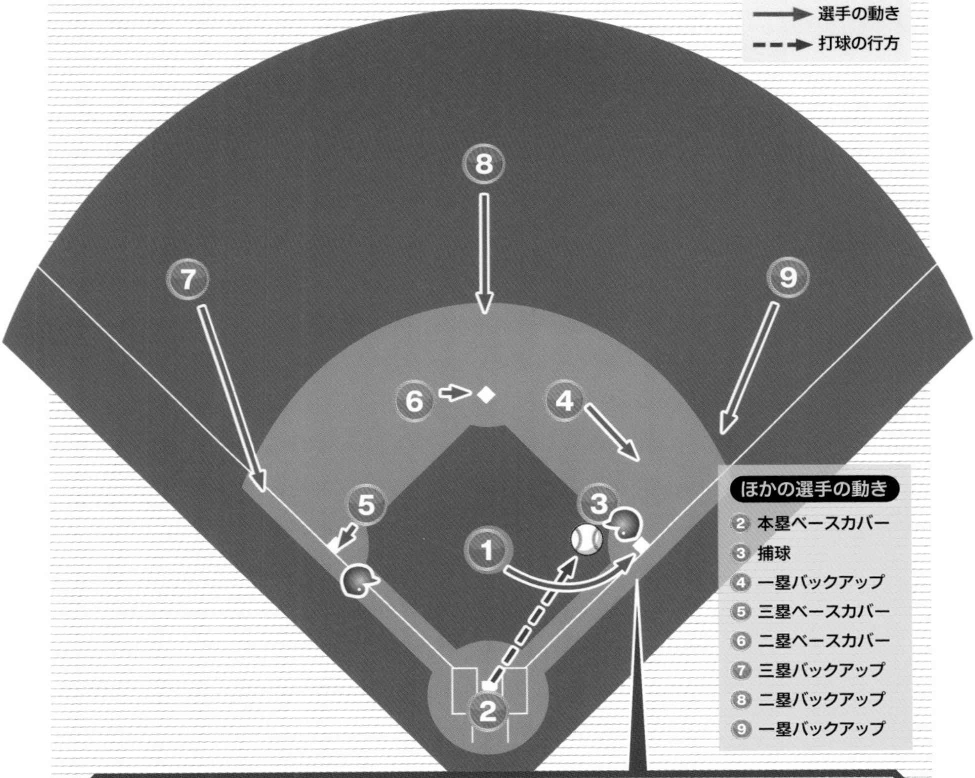

▸▸▸ 投手の動き

三塁走者次第だが
基本は一塁ベースカバー

三塁走者が中途半端に飛び出しアウトにできそうなら一塁手は本塁へ投げることもあるだろう。だが、通常は確実にアウトを取りに行きたいので投手は一塁ベースカバーへ入る。

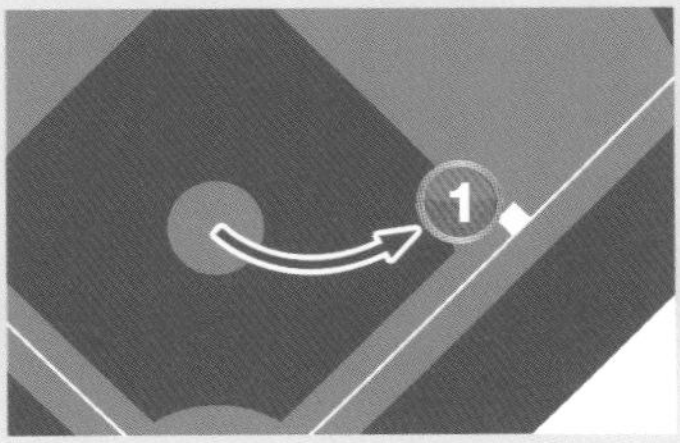

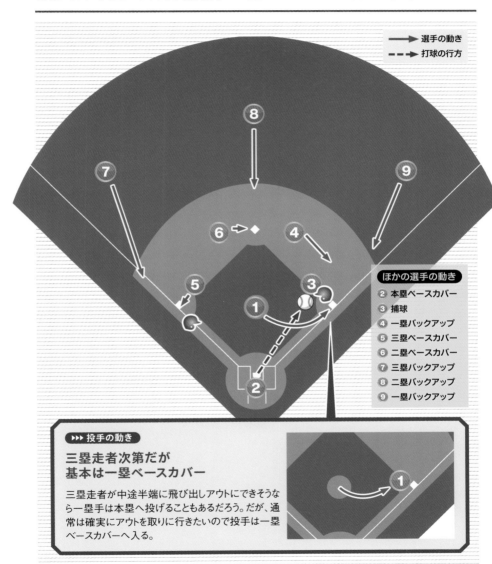

CASE 11

走者 ▶▶▶ 一・三塁　打球 ▶▶▶ センター前ヒット

一塁走者がよいスタートを切れたら三塁進塁は十分可能。つまり三塁でのクロスプレーが想定されるので、投手は三塁送球へのバックアップへ向かう。

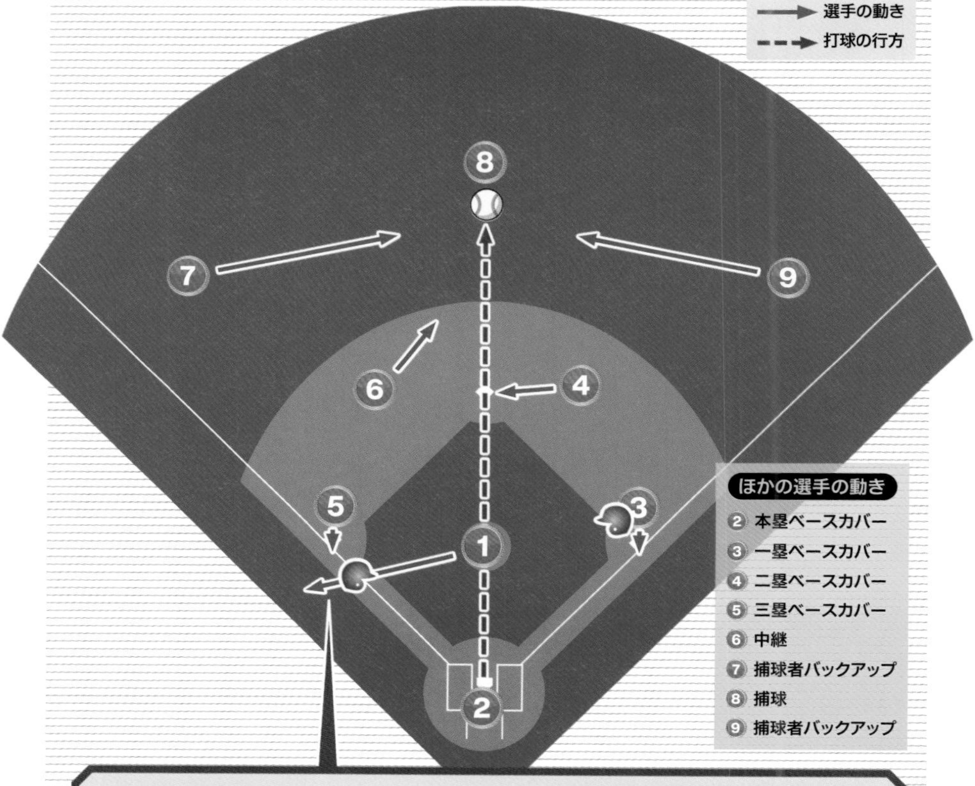

▶▶▶ 投手の動き

ボールと三塁を結んだライン上でバックアップ

一塁走者は三塁を狙ってくることが想定される。打たれてうなだれたり、三塁走者が本塁を踏むことに眼を奪われたりすることなく、三塁送球へのバックアップへ向かい役割を全うすること。

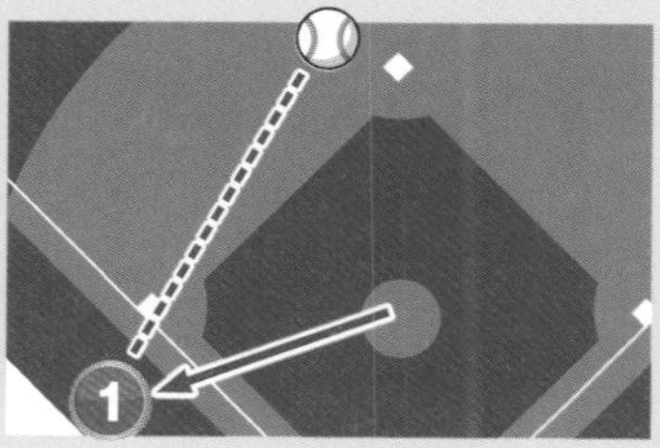

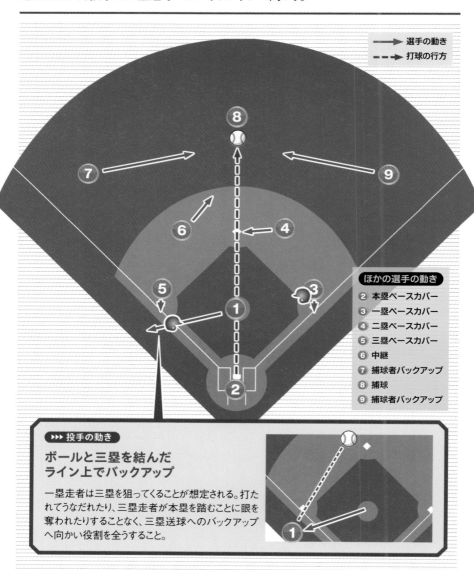

CASE 12

走者 ▸▸▸ 一・三塁　　打球 ▸▸▸ センターフライ

三塁走者を本塁でアウトにすることが第一優先だが、同時に一塁走者の二塁進塁を防ぐことも重要。どちらを選択するかは捕球位置や肩の強さ、走者の走力によるだろう。

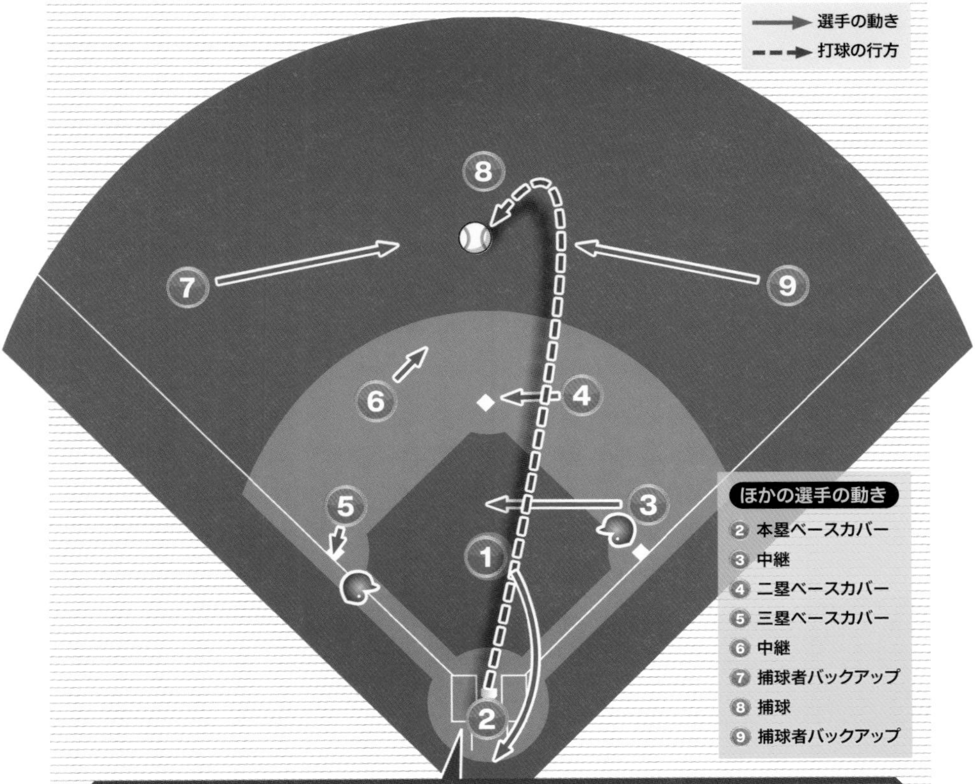

▸▸▸ 投手の動き

ボールと本塁を結んだライン上でバックアップ

本塁送球がされた場合、本塁でクロスプレーになることもあるので、本塁を回り込んでバックアップし、ボールの後逸に備える。同時に一塁走者の位置も視野に入れておくこと。

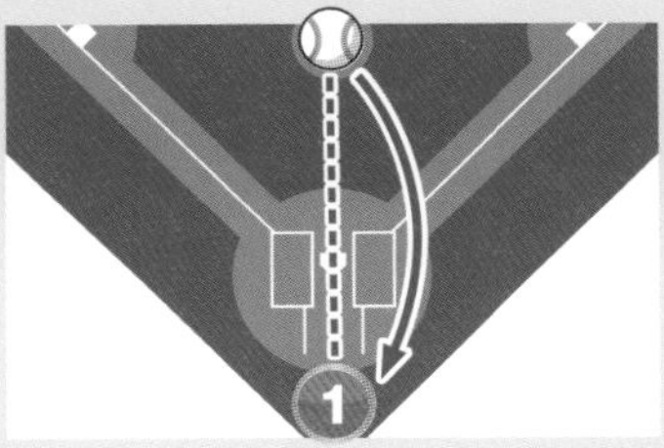

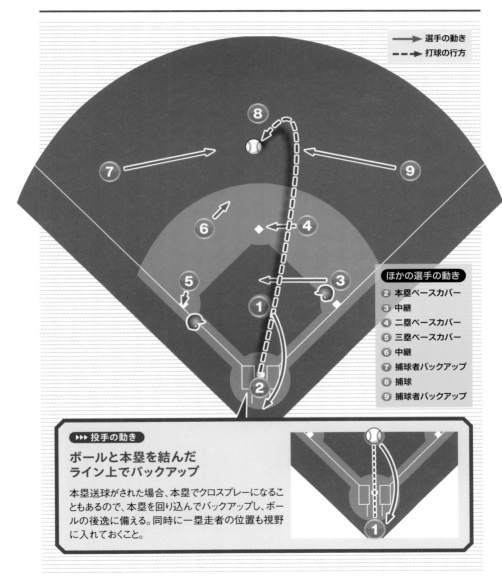

CASE 13

走者 ▶▶▶ 二・三塁　打球 ▶▶▶ ファーストゴロ①（前進守備）

走者が溜まりピンチが続くが、一点も失いたくない状況で前進守備。内野が捕球できたら迷わず本塁送球。投手もすぐに本塁バックアップへと向かう。

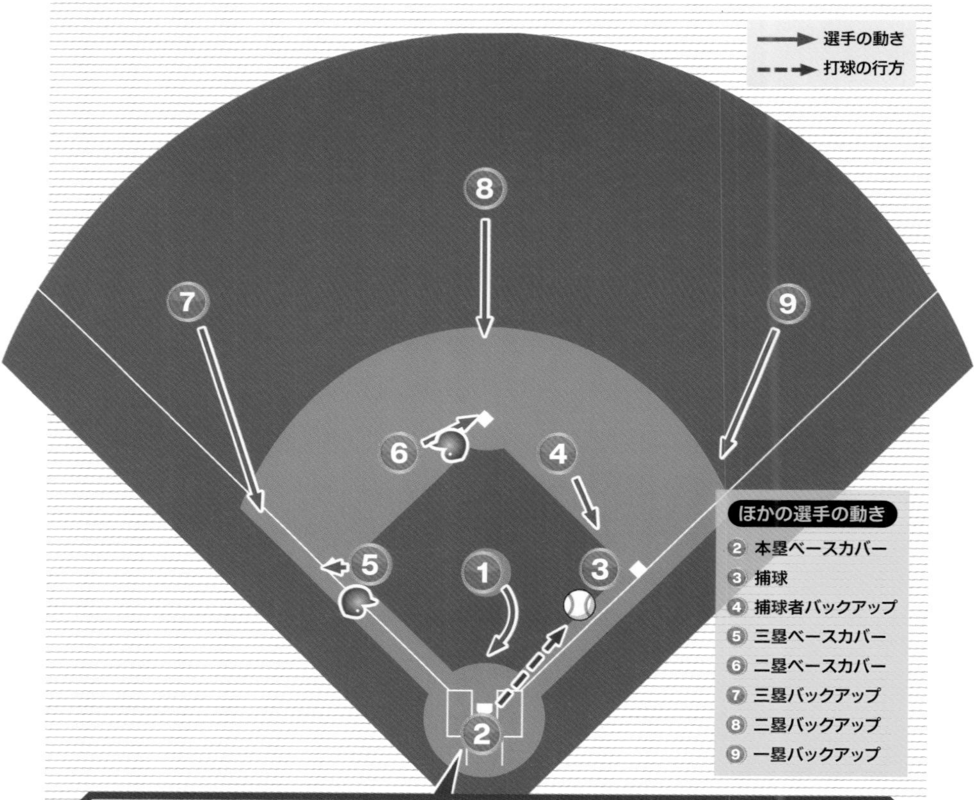

▶▶▶ 投手の動き

本塁のバックアップとランダウンプレーに備える

一塁方向への打球なので最初は一塁へ動き出すが、一塁手捕球を確認したら本塁バックアップへ向かう。同時に三本間でのランダウンプレーになることも想定しておく。

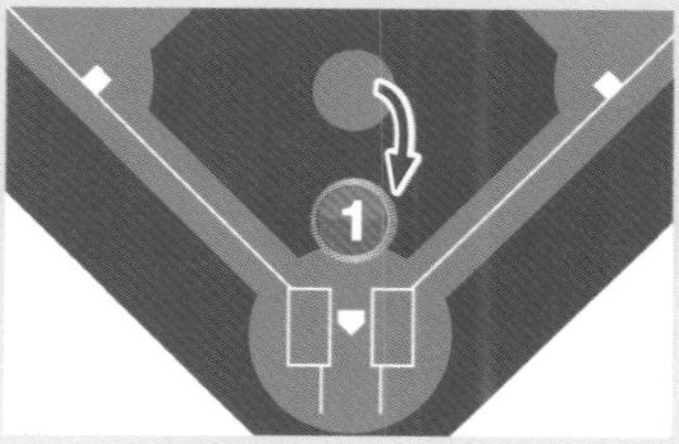

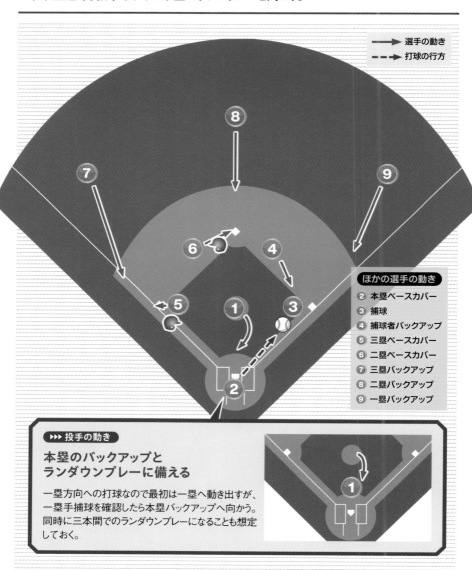

CASE 14

走者 ▶▶▶ 二・三塁　打球 ▶▶▶ ファーストゴロ②（中間守備）

三塁走者が突進したらバックホーム、しなければ一塁送球という中間守備。一塁手が後者を選択した場合は、投手は一塁ベースカバーに向かうのがセオリーになる。

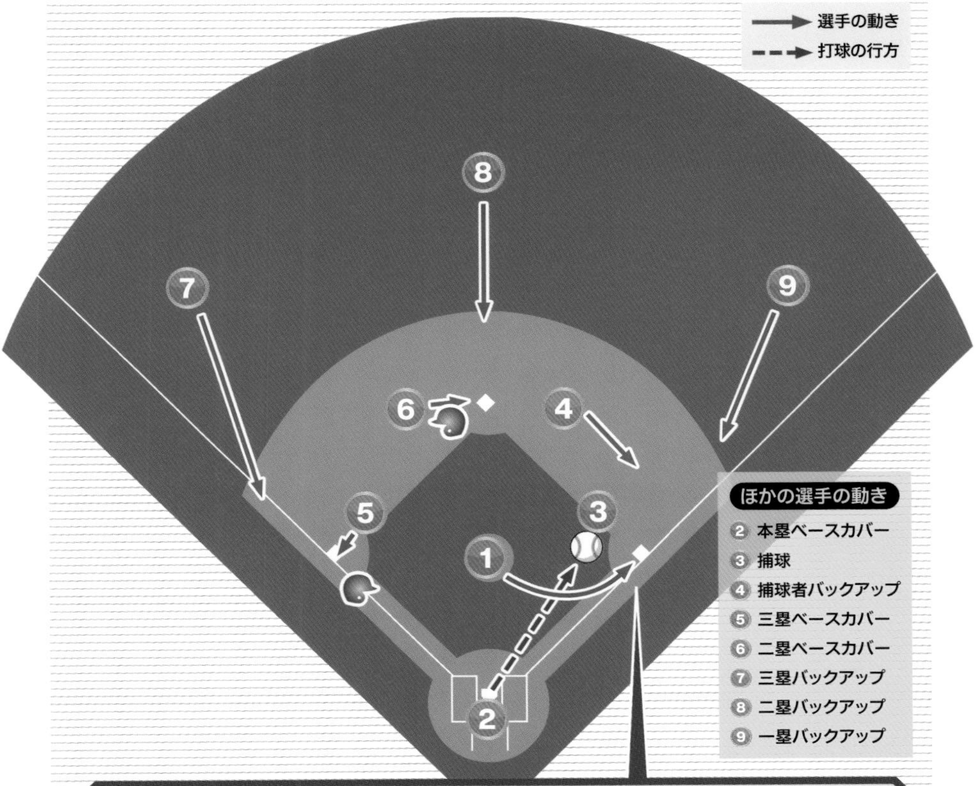

▶▶▶ 投手の動き

膨らみながら一塁ベースカバー

確実にひとつのアウトを取りに行くのであれば打者走者を一塁でアウトにする。その場合投手が一塁ベースカバーへ入る。打者走者との接触を避けるため膨らみながら一塁へ入ること。

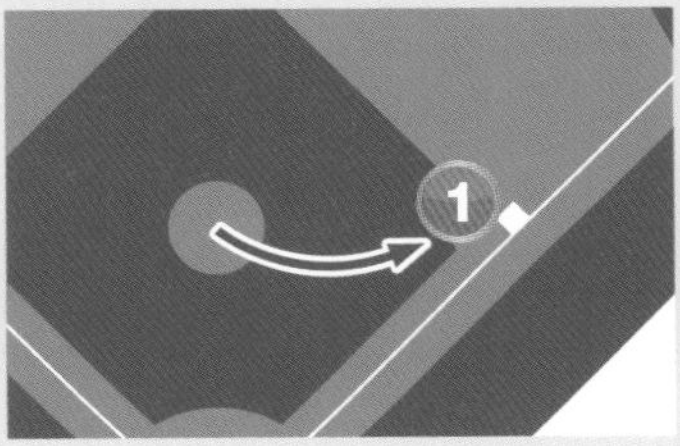

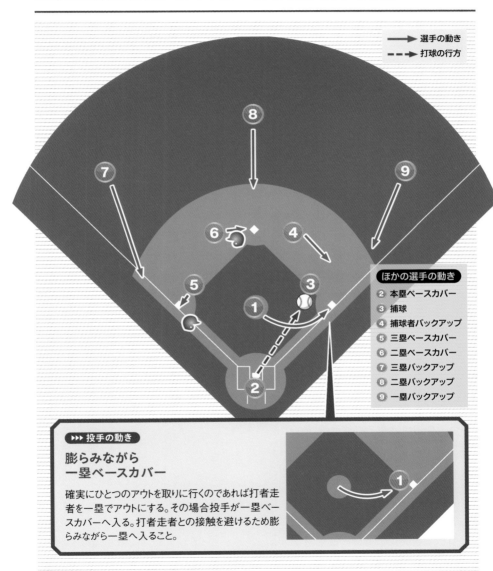

CASE 15

走者 ▶▶▶ 満塁　**打球 ▶▶▶ ファーストゴロ①（前進守備）**

満塁で一点も失いたくないため前進守備をする状況では、内野捕球後はバックホーム。また、そこから3-2-3のゲッツーも狙える可能性もあるので投手は邪魔にならない場所へ。

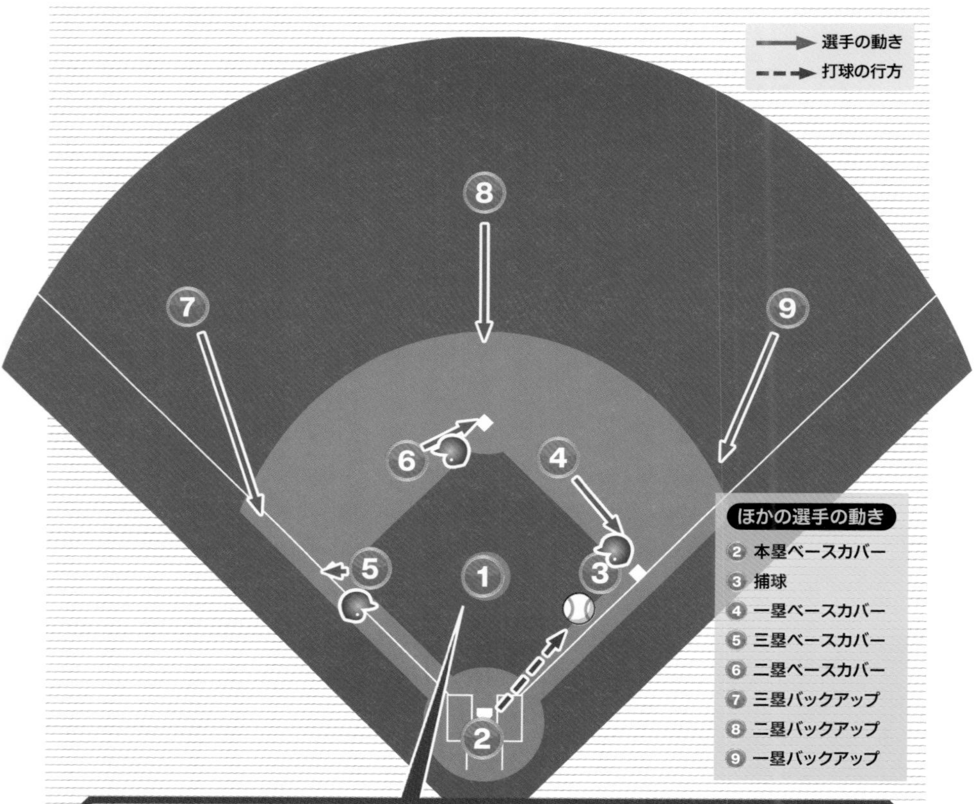

ほかの選手の動き
② 本塁ベースカバー
③ 捕球
④ 一塁ベースカバー
⑤ 三塁ベースカバー
⑥ 二塁ベースカバー
⑦ 三塁バックアップ
⑧ 二塁バックアップ
⑨ 一塁バックアップ

▶▶▶ 投手の動き

送球の邪魔をしないためにも動かない

一塁手捕球後は一塁、本塁、一塁へと送球されるため、投手が下手に動くと送球の邪魔になる可能性もある。そこで投手は本塁バックアップへは行かず、一塁ベースカバーも二塁手に任せるのがセオリー。

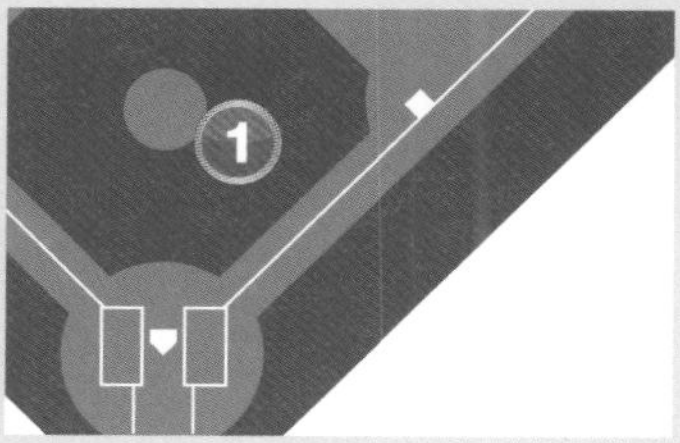

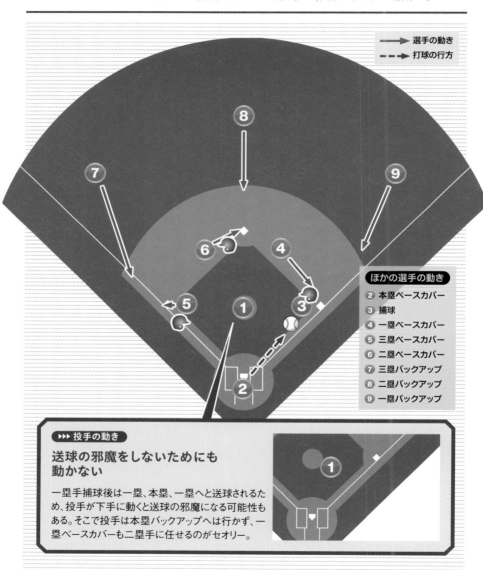

CASE 16

走者 ▸▸▸ 満塁　　打球 ▸▸▸ ファーストゴロ②（中間守備）

バックホームかゲッツーのどちらにも対応できるような中間守備。送球先やアウトカウント次第で、投手は邪魔にならないようにとどまるのか、一塁ベースカバーなのかが変わる。

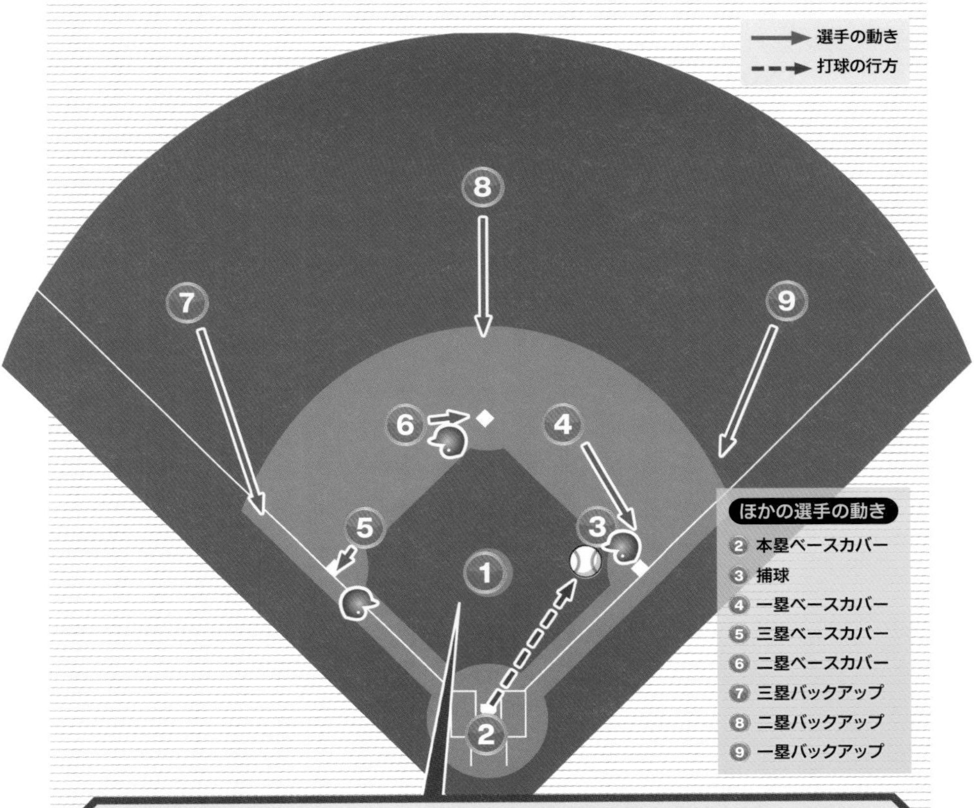

▸▸▸ 投手の動き

アウトカウント次第だが ゲッツー狙いなら動かない

ツーアウトの状況なら一塁のベースカバーへ入るが、3-2-3のゲッツーを狙う状況であれば下手に動くと送球の邪魔になるので動かない方が賢明だ。

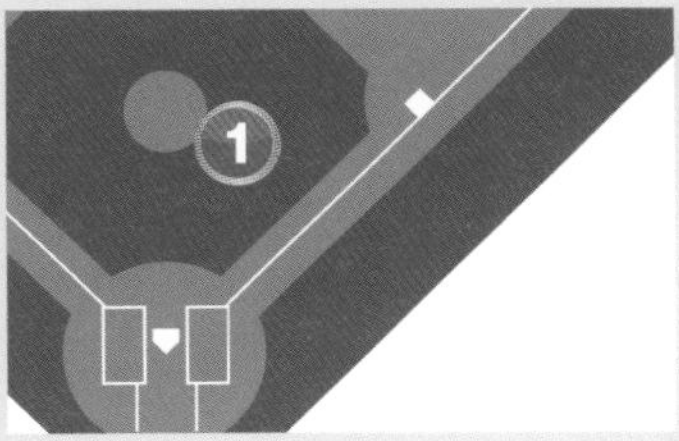

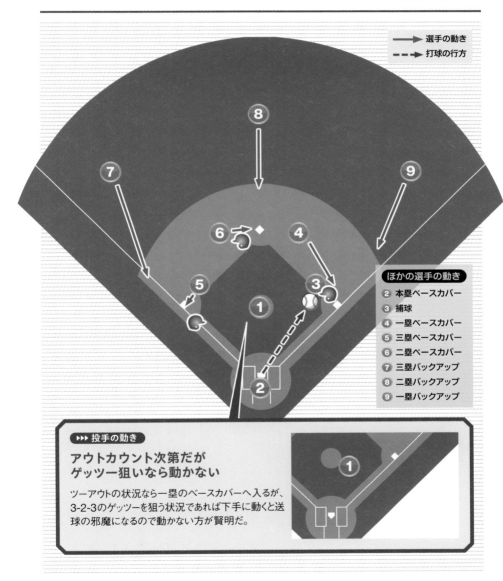

試合前にもう一度！

ココだけはチェック

投手は投げたら終わりではない。空いたベースへカバーに入ったり、後逸に備えてバックアップへ回ったりと、内野のひとりとして動く必要がある。ただし、その動きは状況や打球方向によって決められているので、動きを事前に覚えておく必要がある。

CHECK POINT

☑ 打球が一塁方向へ飛んだらどうする？

打球が一塁方向へ飛んだときは、投手はすかさず一塁ベースカバーへ向かうのがセオリー。反射的に動けるようにカラダに覚え込ませたい。注意点は打者走者との接触。直線的に一塁へ走ると塁上でぶつかる可能性があるので、膨らみながら走り、ベースの隅を踏む。

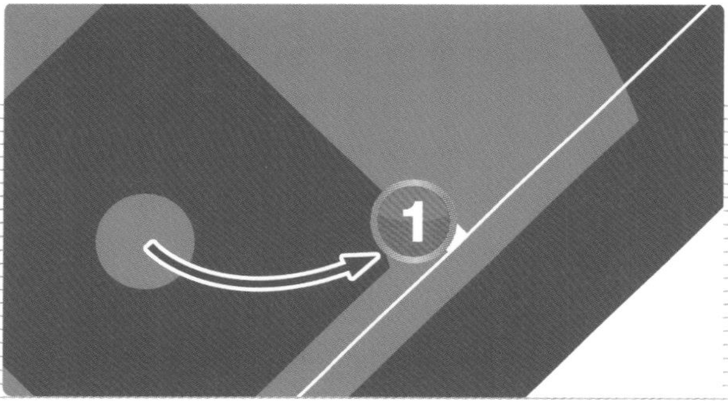

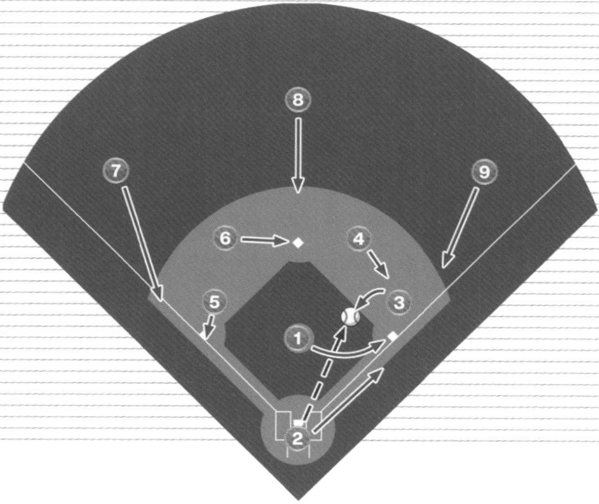

CHECK POINT

キャッチャーゴロで走者を三本間ではさんだらどうする？

走者一・三塁。内野は前進守備。ファーストゴロで飛び出した三塁走者を三本間ではさむ。このような場面では、投手はすばやく本塁のバックアップに入り、三本間でのランダウンプレーに備える。ボーッと見ていることなく機敏に動けるように備えておこう。

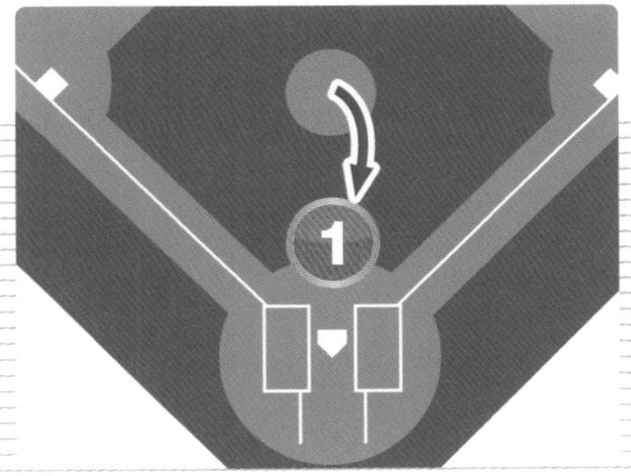

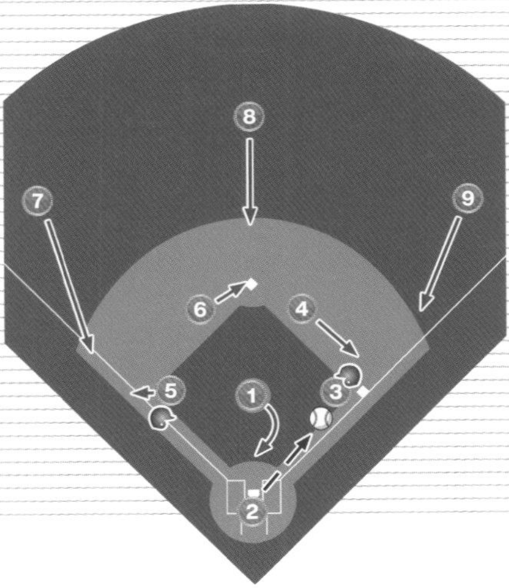

CHECK POINT

タッチアップがある状況で外野フライが飛んだらどうする？

状況として多いのは、走者三塁や二塁での外野フライ。走者は当然次の塁を目指してタッチアップをする。このようなとき投手は、捕球したボールの位置と進塁されるベースとを結んだライン上のベース後方で後逸に備えてバックアップに入る。

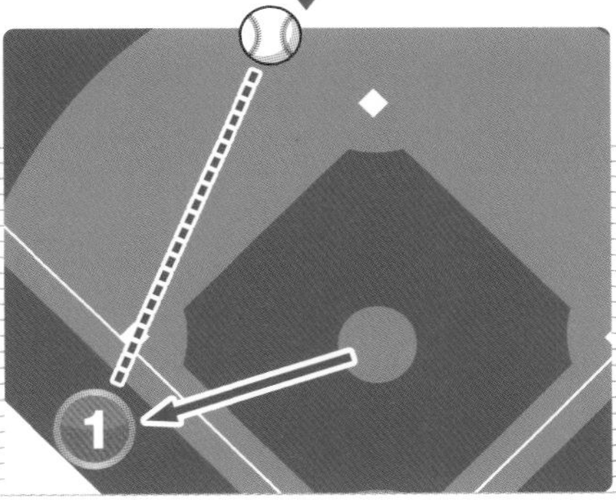

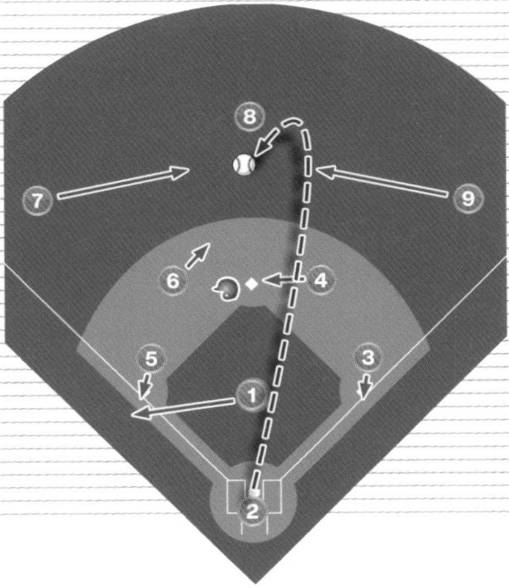

COLUMN

配球のセオリー ⑥

高めと低めの投げ分け

インコースとアウトコースの投げ分けに次いで、高めと低めを投げ分けることができるようになれば、さらに投球の幅が広がる。しかし、高低の投げ分けはそう簡単に習得できるものでもない。高めに投げたつもりがど真ん中になってしまうことや、低めに全力で投げたらボールが浮いてしまうことは、投手なら誰もが経験するところだ。

一般的に右投手のリリースポイントが打者に近くなるほど右打者のアウトローにボールは集まりやすくなる。そしてリリースポイントが打者から遠くなるほど（リリースが早くなるほど）、ボールはインハイに集まりやすい。しかし、リリースポイントを調整することだけで高めと低めを投げ分けようとするのは、再現性が期待できずコントロールが定まらないだろう。

基本は、並進運動をしっかりおこなったうえで下半身と骨盤の動きを調整して高めと低めに投げ分けたい。このあたりのカラダの使い方や力感は個人差が大きく、感覚が左右するところなので、試行錯誤をくり返しながら自分自身で投げ分ける感覚を見つけてほしい。

PART

6

ピッチング弱点克服ドリル

練習ドリルを紹介する。自分の弱点とする動作が克服できるようなものがあれば取り組んでほしい。悪いクセが定着してしまう前に、正しいフォームへ修正しよう。

弱点克服ドリル 1 下半身を使う感覚をつかむドリル

コレが苦手 下半身を使った投球ができない

考えられる原因

- ☑ 母指球で地面をとらえていない
- ☑ カラダの開きが早い
- ☑ ヒジが下がっている

母指球で地面をとらえていないと効果的に反力を得られず並進運動がしづらい。するとカラダの開きも早くなり、ヒジの上がりが間に合わず腕に頼った投球になりやすい。

↓

ココがポイント 踏み出し足着地時の上体の向きに注目!

胸は三塁側を向く

下半身からヒップファーストで動けている可能性が高く、そこから鋭い回転運動へつなげられる。

胸が捕手側を向く

下半身と腕が同時に動きはじめた可能性が高く、下半身を使えない「手投げ」になりやすい。

コレで克服

下半身を使う感覚をつかむドリル①

ノーステップスロー

ドリルの狙い 大股で前後に体重移動することで、上体を横に向けたまま、それぞれの足の股関節に荷重する感覚をつかむ。

両足を大きく開く

踏み出し足のつま先を前に向けた状態で、足を大きく開き胸の前でボールを握る。

踏み出し足へ荷重

上体は横に向けたまま、踏み出し足側の股関節を曲げる意識で荷重する。

軸足へ荷重

同じように上体は横に向けたまま、軸足側の股関節を曲げる意識で荷重する。

体重移動から投球

再び踏み出し足に荷重。ヒザをまっすぐ前に向けてから胸を張って投球する。

コレで克服

下半身を使う感覚をつかむドリル②

前後ステップスロー

ドリルの狙い　踏み出し足、軸足、踏み出し足と交互に片足立ちになり、体重を完全に移動させることで、体重移動から投げる感覚をつかむ。

両足を開いてかまえる

普段投球するときよりも、両足をやや大きく開いてかまえる。

踏み出し足で立つ

軸足を上げて踏み出し足で立つ。股関節に荷重する感覚をつかむ。

軸足で立つ

踏み出し足を上げて軸足で立つ。ここでも股関節に荷重する意識でおこなう。

ステップして投げる

ヒザとつま先は投球方向へ踏み出して体幹のねじれを感じながら投球する。

コレで克服

下半身を使う感覚をつかむドリル③

メディシンボールスロー

ドリルの狙い 重量のあるメディシンボールを投げる。遠くへ投げるには下半身を使う必要があり、自然と体重移動の感覚が養われる。

メディシンボールを持つ

2〜3kgのメディシンボールを持ち、両足を開いてつま先は横に向ける。

前後に振る

一度前に振ってから大きく後ろに振りかぶり体幹をねじる。

半円軌道を描く

腕力に頼らずにヒジを伸ばし、ボールで大きな半円軌道を描くようにして投げる。

遠くまで投げる

しゃがんだ姿勢から伸び上がる過程でボールを投げる。地面を踏んで反力を得る。

弱点 克服ドリル 2

ヒジの使い方を身につけるドリル

コレが苦手 トップでヒジが肩の高さまで上がらない

考えられる原因

- テイクバックで腕が背中側に回る
- ステップ時にカラダが前に突っ込む
- 下半身を使えていない

ピッチングでヒジが下がる主な原因は、ヒジを上げる時間がない、またはヒジを上げるのが遅いことにある。下半身始動の動きに連動させた適切なタイミングを身につけたい。

↓

ココがポイント トップのタイミングでヒジがどこにあるか注目!

ヒジと肩が同じ高さ

下半身始動の動きに上半身が適切に連動できると、トップのときにヒジが肩の高さまで上がる。

ヒジが肩よりも低い

テイクバックで腕を背中側まで回したり、ステップで上体が突っ込むとトップのタイミングでヒジが上がってこない。

コレで克服

ヒジの使い方を身につけるドリル①
タオルシャドーピッチング

ドリルの狙い　トップでヒジが肩まで上がる腕の使い方を身につける。下半身から体幹、腕へと力を伝達できると、タオルがしなるので、その感覚を大切にしたい。

やり方　タオルがしなるようにシャドーピッチング

タオルの先端を丸く結び、ボールを握るようにつかむ。そこから全身の連動性や、トップでヒジが肩の高さにくる腕の使い方やタイミングを確認しながらシャドーピッチングをくり返す。

1
2
3
4
タオルをしならせる!

コレで
克服

ヒジの使い方を身につけるドリル②

トップ反復スロー

ドリルの狙い かまえからトップまでの動作を10回程度くり返してから投げることで、トップまでの腕の使い方をカラダに覚え込ませる。

両足を開いてかまえる

腕の動きにフォーカスするため、両足は大きく広げたままでもよい。

軸足荷重でテイクバック

両足をつけたままでも軸足に荷重してボールを上げてテイクバック。

踏み出し足荷重でトップ

体重を踏み出し足に移したタイミングでヒジが肩の高さにあるとよい。

10回反復後に投げる

1～3を10回程度反復してヒジを上げるタイミングをつかんでから投げる。

コレで克服

ヒジの使い方を身につけるドリル③

山なり叩きつけスロー

ドリルの狙い 上に山なりに投げたり、下に叩きつけて投げるときは、自然とヒジが肩の高さまで上がりやすいので、その感覚を身につける。

1

斜め上に向かって山なりに投げる

斜め上に向かって山なりのボールを投げる。ヒジは自然と肩の高さまで上がるはずだ。

ヒジが
肩の高さまで
上がる!

2

斜め下に向かって叩きつけて投げる

斜め下に向かって叩きつける。このときもヒジが肩の高さまで上がる。この感覚を大切にしよう。

コレで克服

ヒジの使い方を身につけるドリル④

両腕回しスロー

カラダの前で腕を内回し

腕は左右対称に使う。ヒジや手首がどう動いているか、どう動かせばスムーズになるか考えながらおこなう。

軸足荷重で投球動作へつなげる

3回ほど回して胸の前でボールをグラブに収め、軸足へ荷重して投球動作へと移行する。

ドリルの狙い 左右対称に両腕を内向きに2〜3回程度回す。この腕の使い方は投球動作と似ているので、自然とヒジや手首の使い方も身につけられる。

2〜3回内回しを続ける

3のようにボールを上げるタイミングではボールを上からつかんで上げ、4のトップのタイミングでボールを外側に向ける。

踏み出し足荷重で投げる

内回しでつかんだ感覚を大事にしながらヒジや手首を使う。踏み出し足をステップし、トップでヒジが肩の高さにあることを確認してから投球する。

弱点
克服ドリル
3

軸足を安定させる感覚をつかむドリル

コレが苦手

軸足立ちが安定せず フォームが崩れやすい

考えられる原因

- 母指球で踏ん張れていない
- 股関節荷重ができていない
- 体幹が傾いている

軸足の股関節荷重や母指球で踏ん張る感覚をつかめていないと、安定して立つことは難しい。また体幹が傾くとバランスを崩しやすい。

ココがポイント

股関節にハマるような感覚をつかむ！

股関節荷重で安定

股関節にハマるような感覚がつかめると軸足が安定する。並進運動にはこの軸足立ちの安定性が欠かせない。

感覚がわからず不安定

股関節に荷重する感覚がつかめないと、テイクバックで上体が後方や背中側へ傾きやすい。

コレで克服

軸足を安定させる感覚をつかむドリル

軸足ジャンプスロー

ドリルの狙い　軸足立ちになり、その場で何度かジャンプをする。着地するたびに股関節にハマるような感覚を感じてほしい。これが軸足を安定させるために大切になる。

安定する
股関節やヒザの
角度をつかむ！

やり方　その場で連続ジャンプから投球

軸足立ちジャンプをくり返す。軸足が安定した感覚をつかめたら投球する。股関節やヒザがどの角度なら安定するのか試行錯誤をくり返してみよう。

踏み出し足を安定させる感覚をつかむドリル

コレが苦手

踏み出し足の位置が定まらない

考えられる原因

- 軸足が不安定
- 軸足の踏ん張りがない
- 適正な幅をつかめていない

踏み出し足を安定させるには、軸足が大切になる。軸足が不安定であったり、踏ん張ることができないと並進運動がしづらくなり、踏み出す幅も不規則になりやすい。

↓

ココがポイント

ステップ時の軸足のヒザの向きに注目!

三塁側を向く

つま先と同じく三塁側を向いていると、並進運動を長くとれ、遠くに踏み出し足を着地させられる。

本塁側を向く

ヒザが内側に入り本塁側を向いてしまうと、並進運動がしづらくなり踏み出し足の着地位置が安定しない。

コレで 克服

踏み出し足を安定させる感覚をつかむドリル

ペットボトルまたぎスロー

ドリルの狙い 踏み出し足の横に2ℓペットボトルなどの障害物を置き、またぐようにステップして投げる。並進運動を長く保つ感覚を養う。

ペットボトルを置く

踏み出し足の横に2ℓのペットボトルを置く。またげる高さであれば障害物は何でもOK。

軸足荷重で立つ

軸足股関節に荷重して、地面反力を得ながら立つ。これが並進運動をつくる。

踏み出し足を出す

軸足に体重を残しながらヒップファーストでペットボトルをまたいで並進運動をおこなう。

まっすぐ踏み出す

相手に向かってまっすぐ足を踏み出し、左股関節を軸に回転してから投げる。

コントロールを安定させるドリル

コレが苦手　コントロールが不安定で狙ったところに投げられない

考えられる原因

- 軌道のイメージがない
- リリースポイントが不安定
- 指のかかりが不規則

狙ったところへ投げるには、そこまでのボールの軌道を明確にイメージしておきたい。またリリースポイントや指のかかりを安定させることも大切。

↓

ココがポイント　リリースポイントの位置に注目！

安定している

下半身を使ったヒップファーストからの並進運動がしっかりできているとリリースポイントが安定しやすい。

毎回バラバラ

下半身を使えず腕に頼ると、投げるたびにリリースポイントが変わりやすい。これではコントロールも安定しない。

コレで克服

コントロールを安定させるドリル

カゴ入れ

ドリルの狙い カゴまでの距離を徐々に長くして、投げる軌道をイメージ。その軌道に合う腕の振りなどを調整する感覚を養う。

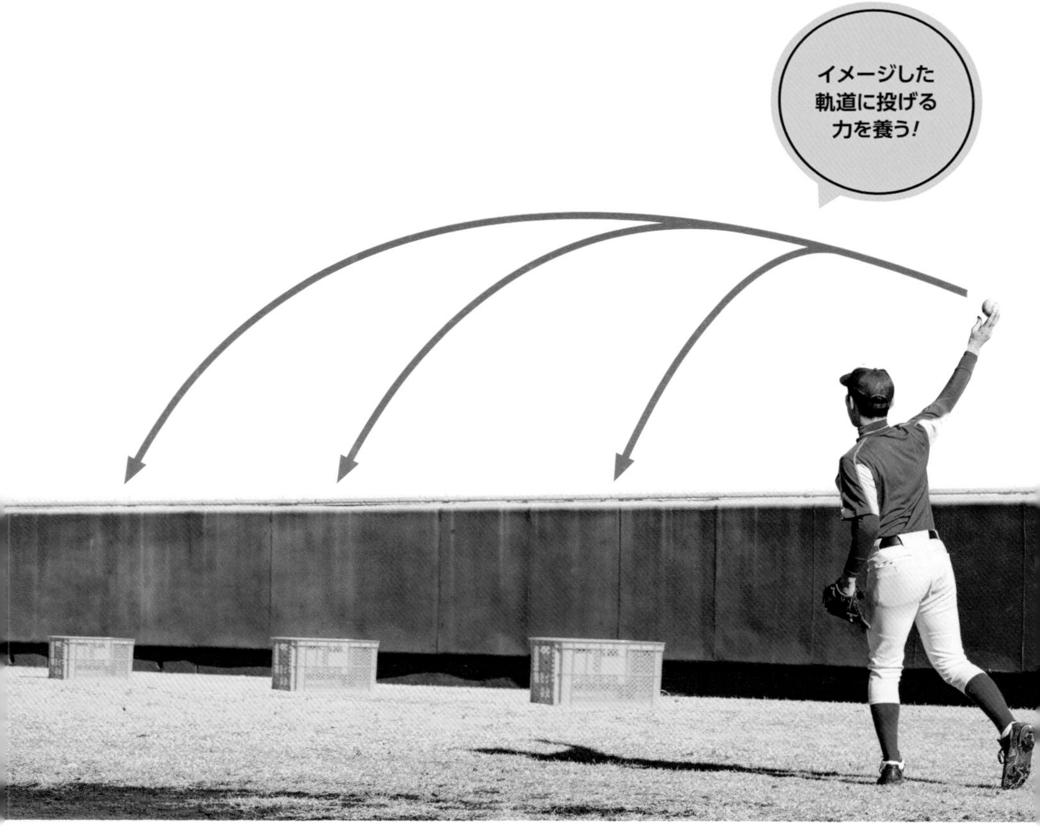
イメージした
軌道に投げる
力を養う！

やり方 距離を変えながらカゴに入れる

5m、10m、15mというように徐々に遠くなるカゴに入れていく。投手は毎回軌道をイメージして、その軌道になるように腕の振りを調整する。

COLUMN

配球のセオリー⑦

外角低めは投手にとって生命線

「外角低めは投手にとって生命線」という言葉を耳にしたことがある人もいると思う。この意味について考えてみよう。

外角低め、つまりアウトローは、打者の目線やバットから最も遠いコースになる。遠いのだから、正確にミートすることが難しいことは容易に想像できる。つまり当たったとしても打ち損じて凡打になることが多いということ。

また、遠いミートポイントへ腕を伸ばしてスイングすることになるので、遠くへ飛ばすことが難しい。無理に引っ張れば引っ掛けて内野ゴロになることが多く、逆らわずに逆方向へ打つのがセオリーだが、本塁打にするのは極めて難しいだろう。

そのため、投手は外角低めにボールを投げ分けることができれば、打者を抑えられる可能性が高くなる。次の一球に悩むような状況でも、正確に外角低めに投げられる制球力があれば、状況を一気に好転することができる。このようなことから「外角低めは投手にとって生命線」といわれている。

ただし外角低め一辺倒では打者も目が慣れてしまう。ここぞ！という要所で投げ分けることが大切になる。

PART

7

投手のための 可動域ストレッチ＆トレーニング

投手にとって大切な肩やヒジといった関節周りのメンテナンスを解説する。関節は緩めて可動域を広げるのか、締めて安定させるのかを区別してケアすることが重要になる。

PART7監修者プロフィール

中里賢一（なかざとけんいち）

MIZUNOスイムチームの専属トレーナーを長年つとめ、多くのプロ野球選手の自主トレーニングにも帯同経験を持つ関節のスペシャリスト。現在はアスリートのサポートをする傍ら、一般の方でも気軽に身体の相談ができるサロン「パーソナルジム＆スポーツマッサージMARKS」を東京目白にて運営している。

緩めて可動域を広げるのか 締めて安定させるのかを区別する

酷使した筋肉を放っておくと、疲労が溜まり関節可動域が狭くなるのでストレッチをする必要がある。ただしスポーツではすべての関節が緩くなればよいわけではない。地面反力を無駄なく指先まで伝えるには、安定させておきたい関節もある。

可動域ストレッチ&トレーニングでやること

1 硬くなりやすい関節は 緩めて可動域を広げる

しなりやひねりが必要になる関節は緩めて可動域を広げておきたい。とくに肩甲骨や胸郭は日常生活でも負荷がかかりやすいので、関節周囲の筋肉を念入りにストレッチする。

2 土台となる関節は 締めて安定させる

カラダの土台となる足・膝関節、股関節、また腕の土台となる肩関節などは安定させておきたいので、関節周囲にある筋肉を締めるトレーニングをおこなう。

【ターゲットとなる関節】

人体にはいくつもの関節があるが、投手として毎日ケアしておきたい関節は主に9関節。疲労が溜まり硬くなりがちな部位は緩めて可動域を広げ、投球動作で土台となる部位は締めて安定させる。

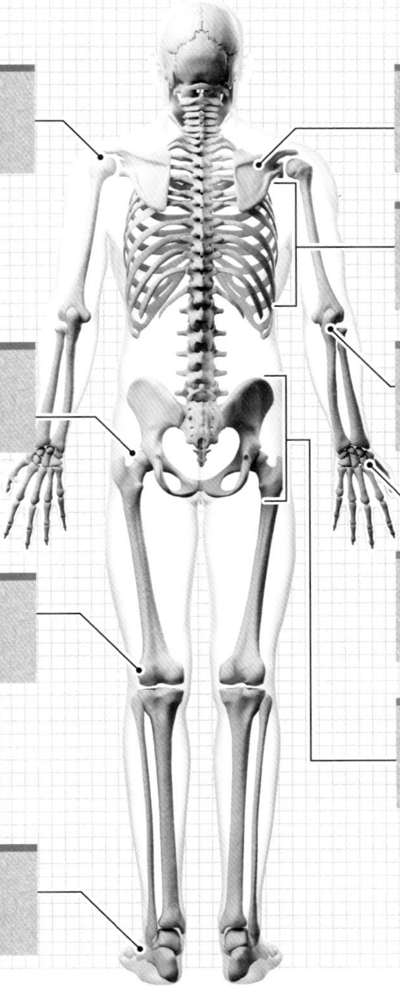

☑ 肩関節
締めて安定させる
➡P180へGO!

☑ 股関節
締めて安定させる
➡P184へGO!

☑ 膝関節
締めて安定させる
➡P188へGO!

☑ 足関節
締めて安定させる
➡P188へGO!

☑ 肩甲骨
緩めて可動域を広げる
➡P164へGO!

☑ 胸郭
緩めて可動域を広げる
➡P168へGO!

☑ 肘関節
緩めて可動域を広げる
➡P172へGO!

☑ 手関節
緩めて可動域を広げる
➡P172へGO!

☑ 骨盤
緩めて可動域を広げる
➡P176へGO!

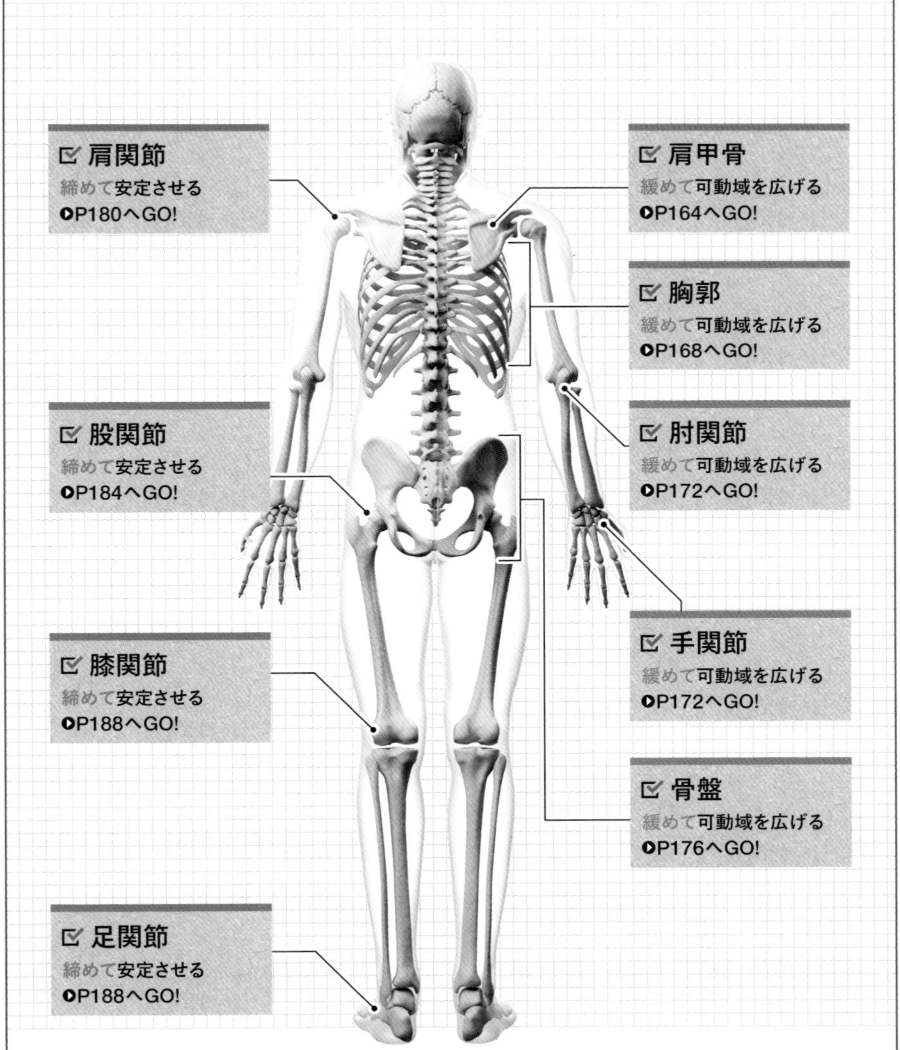

投球動作ではトップをつくるときに右肩甲骨を寄せる内転動作がおこなわれる。

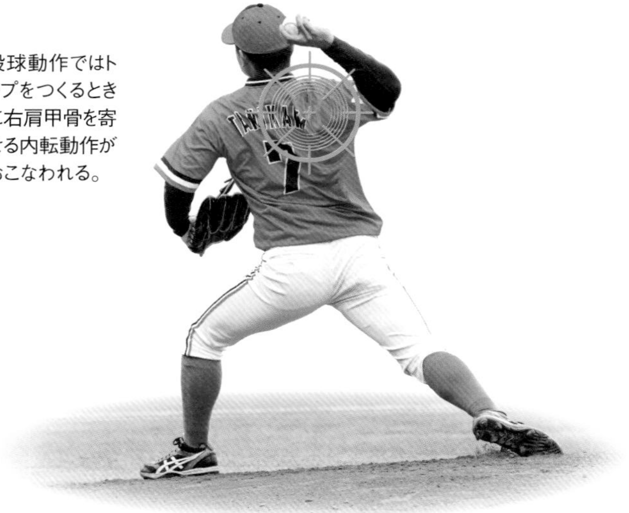

肩甲骨を緩めて可動域を広げる

背中にある2つの三角形の骨が肩甲骨。肋骨には触れておらず、鎖骨からぶら下がるように存在している。肩甲骨を背中の中心に寄せる「内転」可動域を中心に広げたい。

【ターゲットとなる筋肉】

1 菱形筋
（りょうけいきん）

2つの肩甲骨の間にある。主に肩甲骨を内転させる動作で働く。

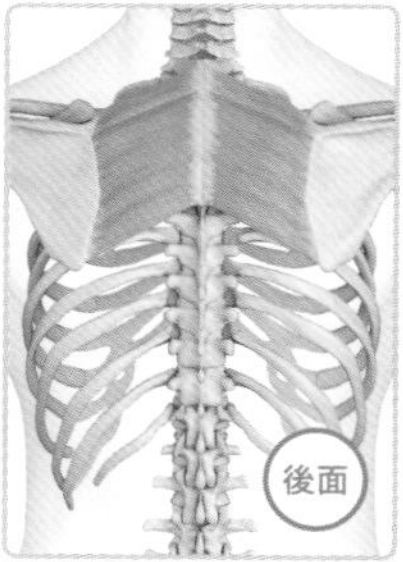

2 前鋸筋
（ぜんきょきん）

肩甲骨と肋骨をつないでいる。主に肩甲骨を外に開く動作（外転）で働く。

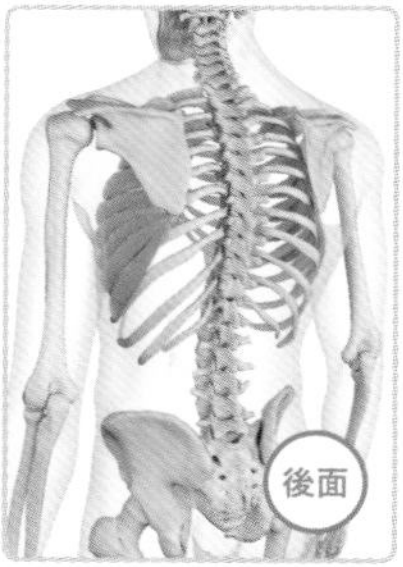

3 僧帽筋
（そうぼうきん）

首から肩、背中と広範囲についている。肩甲骨の多くの動作に関与している。

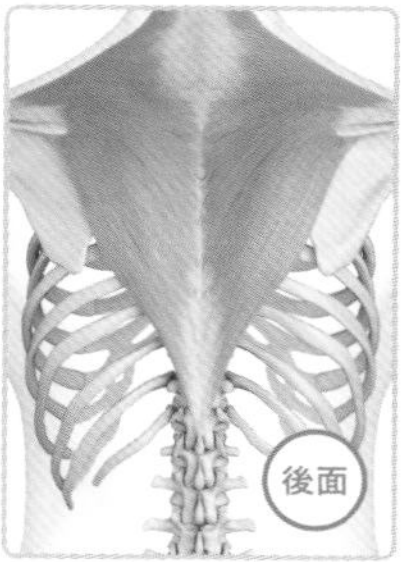

4 三角筋
（さんかくきん）

肩を覆うようにつく筋肉。ここでは肩の前側がターゲットになる。

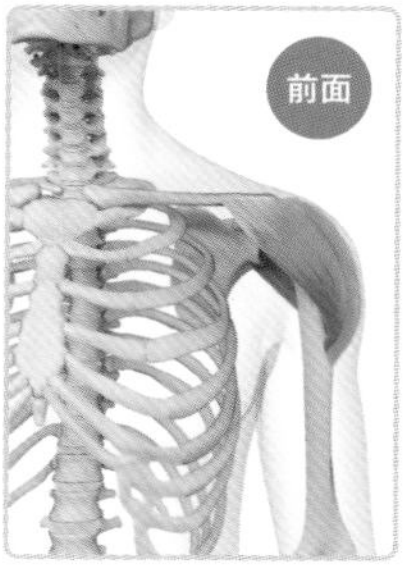

肩甲骨の可動域ストレッチ①

回数 ▪20往復

ポイント 背すじを伸ばし、肩甲骨を寄せることを意識する。

1

両方のヒジと肩の高さを水平に揃えて、片方の手を挙げ、もう片方を下げる。

2

カラダの軸をぶらさずに両手の上下を入れ替える。肩甲骨とともに肩関節にも効果あり。

肩甲骨の可動域ストレッチ②

回数
- 5秒キープ
- 10回

ポイント 背中側に体重をかけ、肩の前の伸びを感じる。

1

背中側にイスなどを用意して両手をつく。両ヒザは揃えて地面につける。

2

肩甲骨を寄せながら背中側へ体重をかけていく。胸や肩の前に伸びが感じられたらOK。

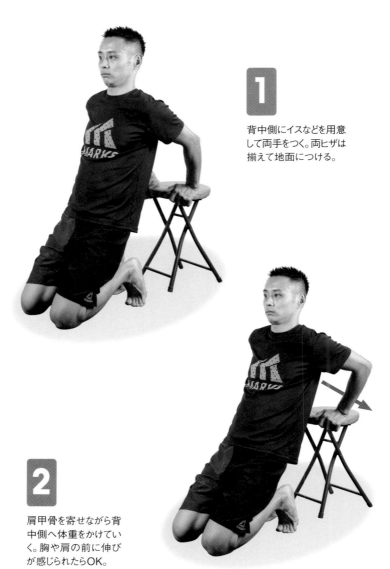

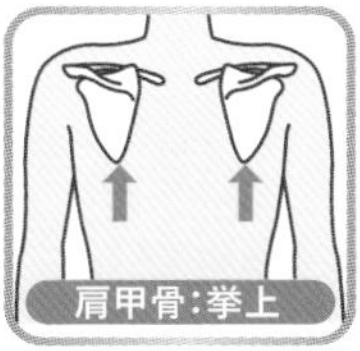

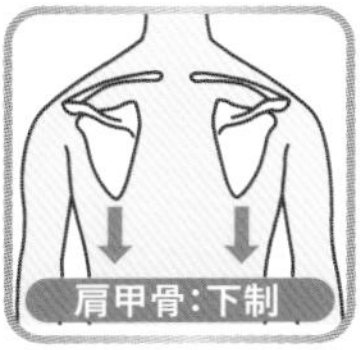

肩甲骨の可動域ストレッチ③

回数 ▪20往復

ポイント 腕ではなく肩甲骨を上下に動かす。

1

イスに座り両手でタオルをつかむ。人差し指を伸ばすことで肩の力みを防げる。

2

肩甲骨を動かす意識をもちながらタオルを張ったままゆっくり下げる。

胸郭を緩めて可動域を広げる

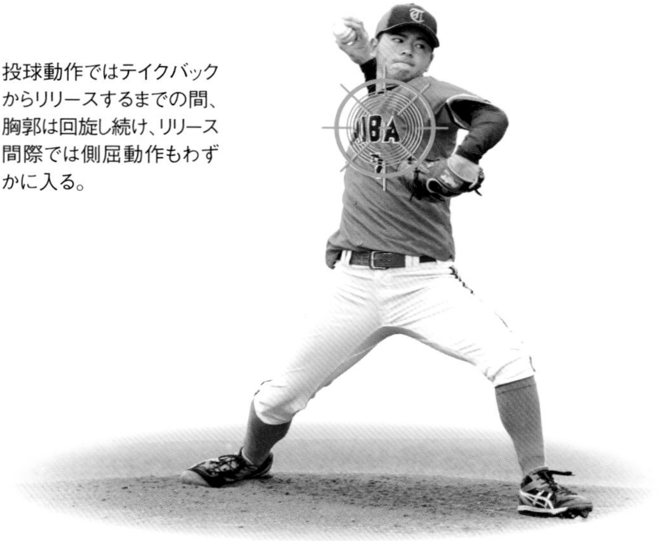

投球動作ではテイクバックからリリースするまでの間、胸郭は回旋し続け、リリース間際では側屈動作もわずかに入る。

肋骨に覆われた部位を胸郭とよぶ。可動域が狭まると呼吸も浅くなってしまう。ここでは背骨を軸に回る動作（回旋）や、横方向へ傾く動作（側屈）の可動域を広げる。

【ターゲットとなる筋肉】

1 肋間筋
（ろっかんきん）

肋骨の間にある。肋骨を広げたり狭めたりする動作で働く呼吸筋のひとつ。

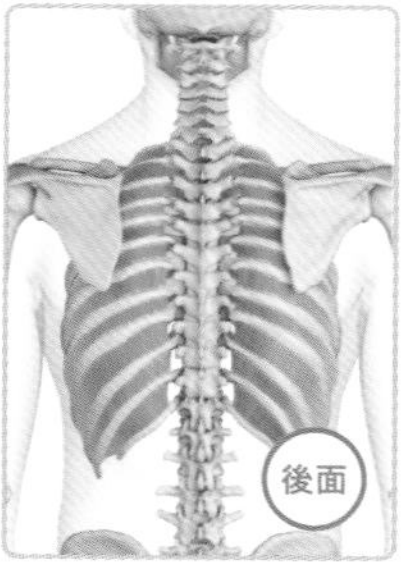

2 脊柱起立筋
（せきちゅうきりつきん）

背骨の周りにある多くの筋肉の総称。ほとんどの体幹動作に関与している。

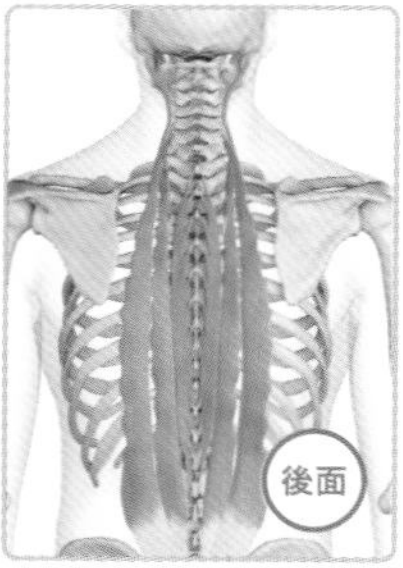

3 腹斜筋
（ふくしゃきん）

わき腹にある。内外2層になっているが、ともに回旋や側屈動作で働く。

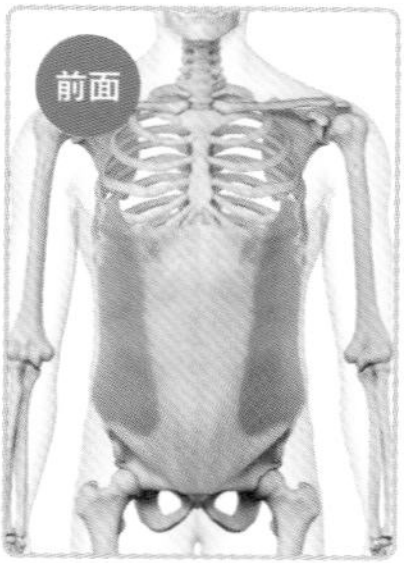

4 腹直筋
（ふくちょくきん）

腹の前にある6つに割れた筋肉。主に体幹を前に倒す動作で働く。

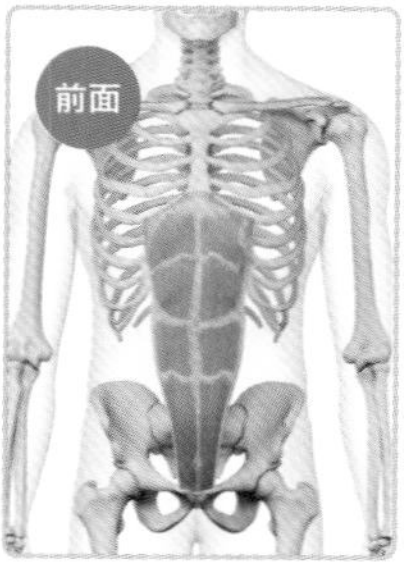

胸郭の可動域ストレッチ①

回数
- 5秒キープ
- 左右10回ずつ

ポイント
ゆっくり息を吐きながら腕を伸ばす。

1 四つんばいの姿勢になり、息を吸いながら腕を逆側へ伸ばしていく。

2 ゆっくり息を吐きながら胸郭を回旋させて腕を伸ばす。骨盤はできるだけ水平を保つ。

胸郭の可動域ストレッチ②

回数
- 5秒キープ
- 10回

ポイント ヒザは開かず、顔は常に前に向けたまま。

1

イスに座り、人差し指を伸ばしてタオルをつかむ。顔を前に向けたまま胸郭を右へ回旋。

2

タオルを張り、顔を前に向けたまま胸郭を左へ回旋。ヒザが開かないように注意する。

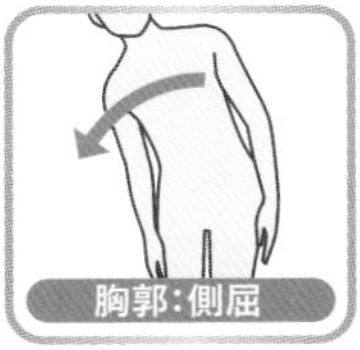

胸郭の可動域ストレッチ③

回数
- 5秒キープ
- 左右10回ずつ

ポイント 骨盤の水平を保ち、ヒザを開かない。

1

両足を前後に開き、片方の腕を上げる。上半身を横に倒してカラダの横をゆっくり伸ばす。

2

逆側をおこなう。骨盤の水平を保ち、ヒザを開かないことでよりカラダの横を伸ばすことができる。

肘・手関節を緩めて可動域を広げる

投球練習後は腕に疲労が溜まり、肘関節の伸展（伸ばすこと）可動域が狭くなりやすい。

腕のしなりとボールのリリースで重要な役割を果たす。元々の可動域に個人差は出づらい部位だが、酷使すると狭くなりやすいので、ストレッチをして可動域維持に努める。

【ターゲットとなる筋肉】

1 上腕二頭筋
（じょうわんにとうきん）

力こぶができる筋肉。主にヒジを曲げる（屈曲）動作で働く。

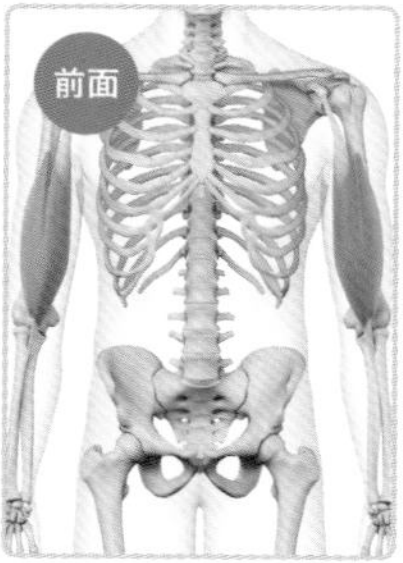

2 上腕三頭筋
（じょうわんさんとうきん）

腕の後面にある筋肉。主にヒジを伸ばす（伸展）動作で働く。

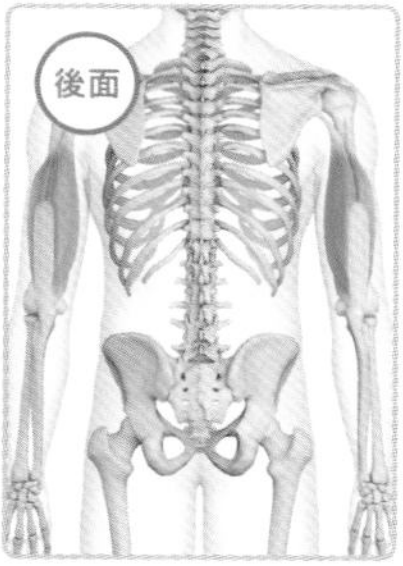

3 前腕屈筋群
（ぜんわんくっきんぐん）

ヒジから先の前腕の内側にある筋肉。主にヒジを曲げる（屈曲）動作で働く。

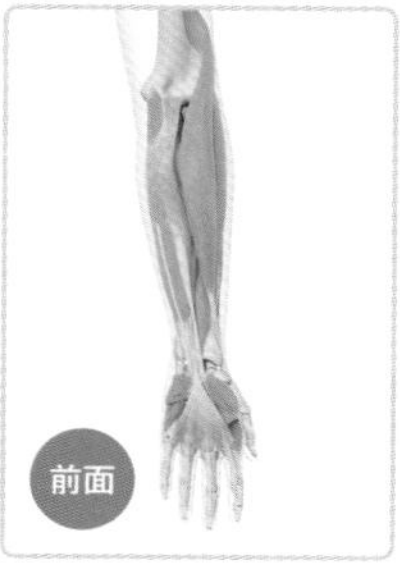

4 前腕伸筋群
（ぜんわんしんきんぐん）

ヒジから先の前腕の外側にある筋肉。主にヒジを伸ばす（伸展）動作で働く。

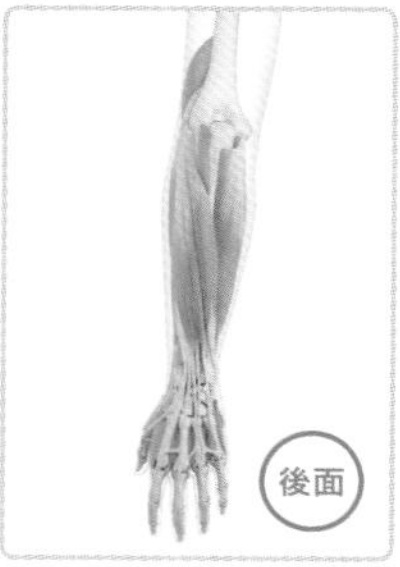

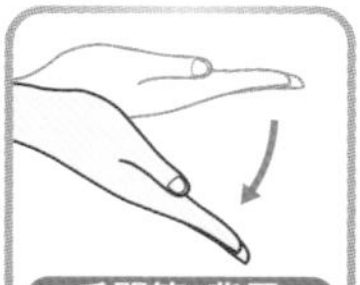

手関節：背屈

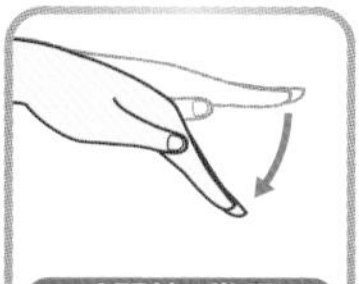

手関節：掌屈

肘・手関節の可動域ストレッチ①

回数
- 10秒キープ
- 左右10回ずつ

ポイント 1は指を、2は甲を押さえる。

1

手のひらを前に向けてヒジを伸ばす。指をつかんで手前へ引き、前腕屈筋群を伸ばす。

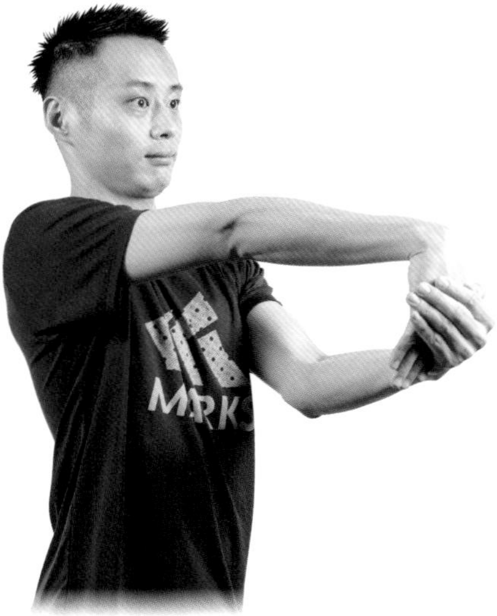

2

手の甲を前に向けてヒジを伸ばす。甲をつかんで手前へ引き、前腕伸筋群を伸ばす。

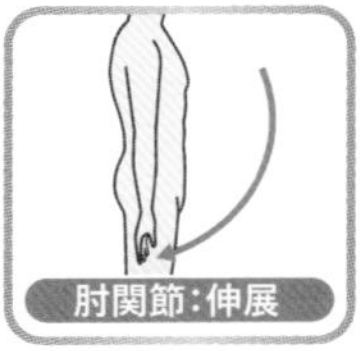
肘関節:伸展

肘・手関節の可動域ストレッチ②

回数
- 5秒キープ
- 左右5回ずつ

ポイント 肩を前に出すイメージでおこなう。

1

カラダを前に向けたまま腕を斜め後方へ伸ばし、人差し指の側面を壁につける。

人差し指の側面を
壁につける。
MARKS

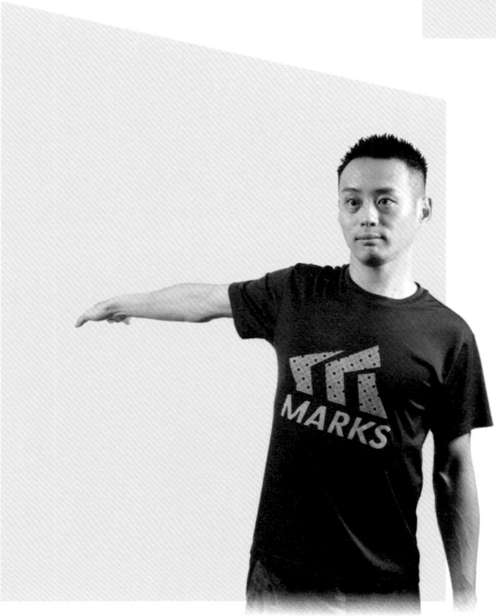
MARKS

2

肩を前に出して上腕二頭筋を伸ばす。さらにカラダを壁とは逆側へひねると伸ばしやすい。

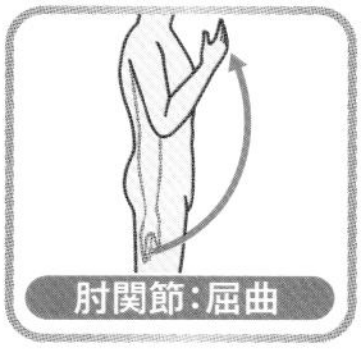

肘・手関節の可動域ストレッチ③

回数
- 5秒キープ
- 左右5回ずつ

ポイント 伸ばした手で床を前に押す意識でおこなう。

1 四つんばいになり片方の手を伸ばして床につける。もう一方はヒジを曲げる。

2 伸ばした手で床を前に押し、お尻を後ろに下げることで上腕三頭筋が伸びる。

骨盤を緩めて可動域を広げる

骨盤を前傾させて上体を前に倒すことで、リリースポイントを前にすることができる。

背骨の土台となる骨盤は、股関節と連動してさまざまな動きをとるため、柔軟に動くようにコンディションを整えておきたい。

【ターゲットとなる筋肉】

1

深層外旋六筋
（しんそうがいせんろっきん）

骨盤と大腿骨（太ももの骨）をつなぐ小さな筋肉群の総称。主に外旋（外に回す）動作で作用するが、ほかにも主働筋ではないにしても多くの動作に関与しているため、柔軟に保っておきたい。

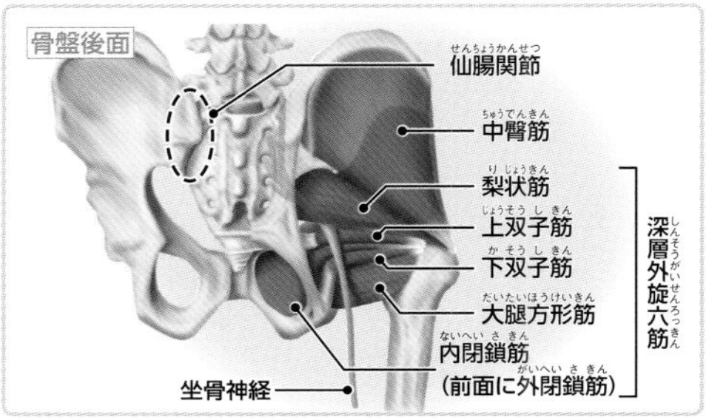

2

大臀筋
（だいでんきん）

尻の後ろにある大きな筋肉。野球動作全般に大きく関与している。

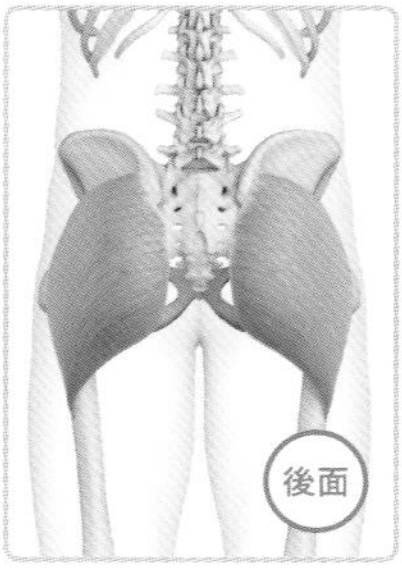

3

中臀筋
（ちゅうでんきん）

尻の横にある筋肉。主に片足立ちで骨盤を水平に保つときに働く。

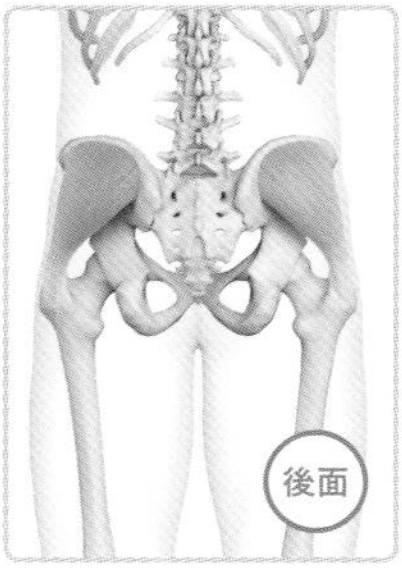

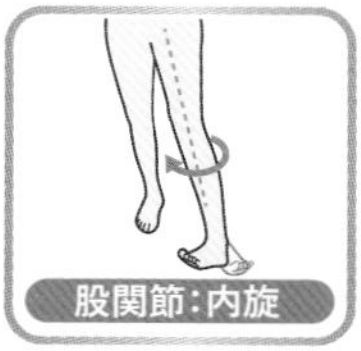

骨盤の可動域ストレッチ①

回数
- 10秒キープ
- 左右10回ずつ

ポイント 倒した方の尻も床につける意識でおこなう。

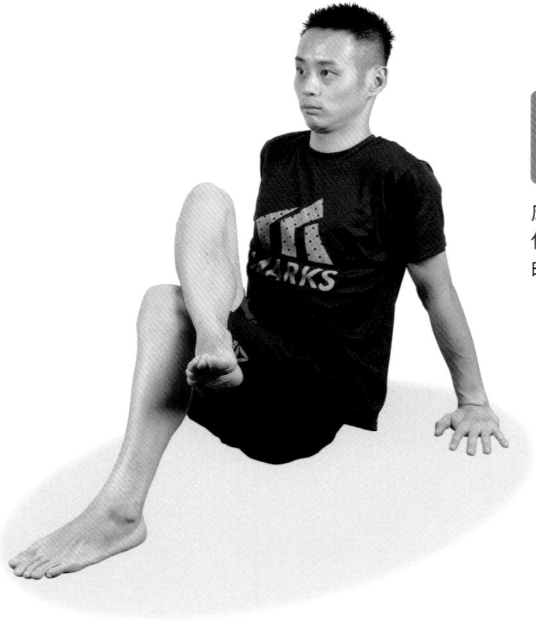

1

床に座り両手を後方へ伸ばして手をつく。ヒザを曲げて足を組む。

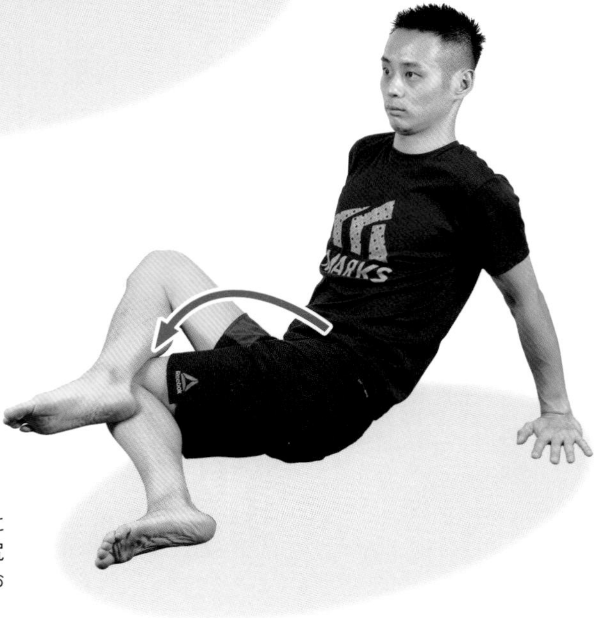

2

上の足で押さえるように倒す。倒した方のお尻も床につける意識でおこなう。

骨盤の可動域ストレッチ②

回数
- 10秒キープ
- 左右10回ずつ

ポイント できるだけスネは真横に、骨盤は水平に保つ。

1

足を前後に伸ばして、前のヒザを曲げてスネを真横に向ける。

2

できるだけ骨盤の水平を保ったまま上体を前に倒す。背すじを伸ばし股関節から倒す。

骨盤の可動域ストレッチ③

回数
- 10秒キープ
- 左右10回ずつ

ポイント 抱え込んだヒザを引き寄せる

1 仰向けになり、片方のヒザを抱え込み、もう片方の足を抱え込んだヒザにかける。

2 背中を床につける意識で抱え込んだヒザを引き寄せる。かけた足の方の中臀筋が伸びる。

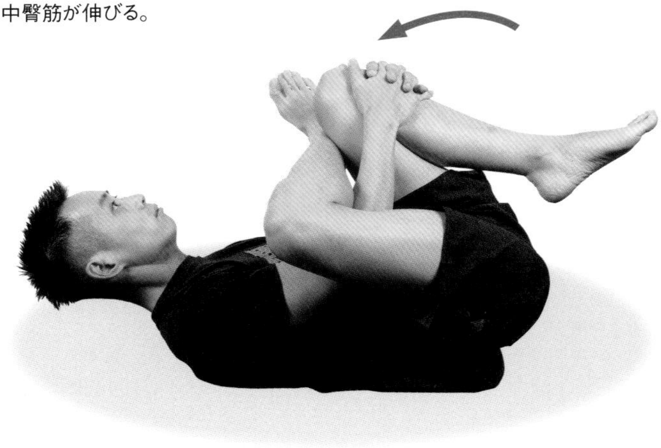

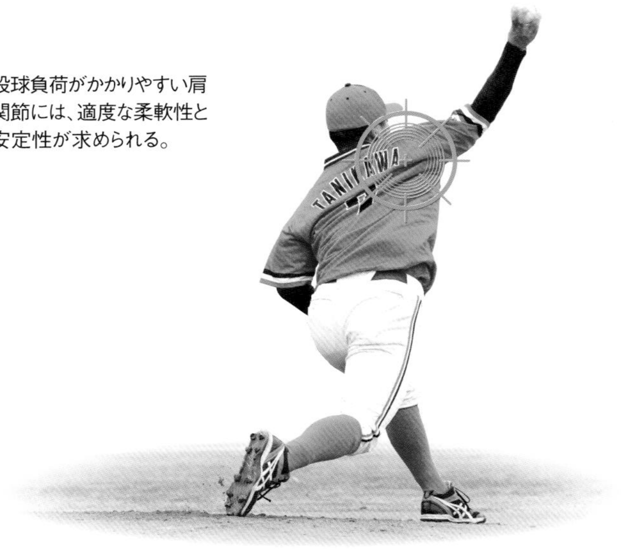

投球負荷がかかりやすい肩関節には、適度な柔軟性と安定性が求められる。

肩関節 を締めて安定させる

肩関節可動域は360度あるが、自由に動く反面、周りの筋肉の柔軟性が過度に高くなると不安定になり投球障害肩（ルーズショルダー）を発症することがあるので注意が必要だ。

【ターゲットとなる筋肉】

1

回旋筋腱板
（かいせんきんけんばん）

右記の4つの筋肉群の総称。それぞれは板状の薄い筋肉であり、肩関節が安定的に動くように働いている。

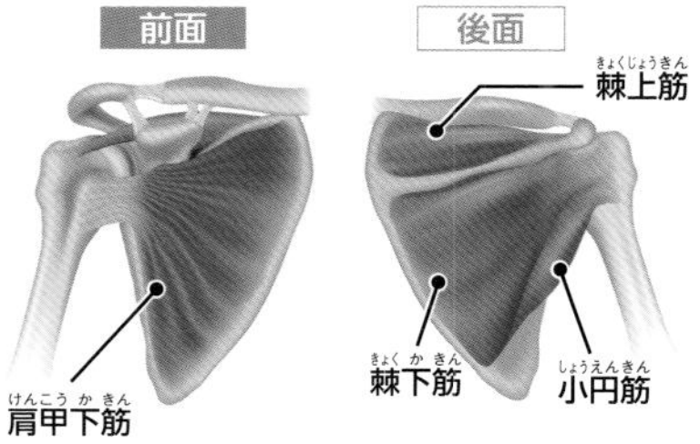

2

広背筋
（こうはいきん）

背中と上腕を結ぶ。肩関節の伸展や内転、内旋など多くの動作で働く。

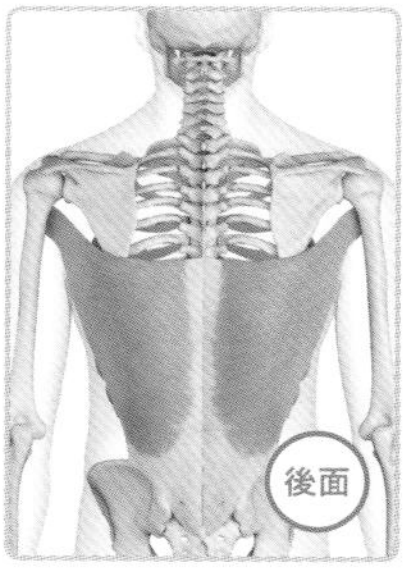

3

三角筋
（さんかくきん）

肩を覆うようにつく。主に肩関節屈曲では前面が、外転では中面と後面が働く。

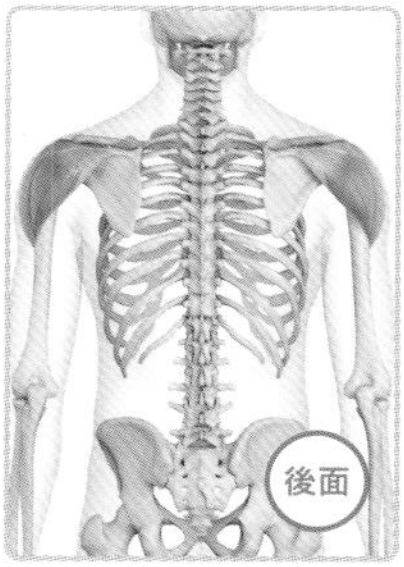

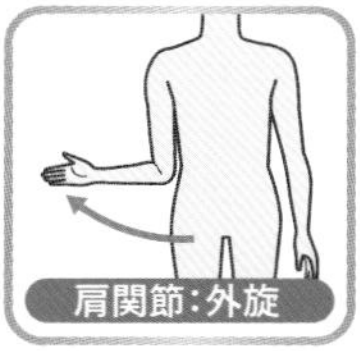

肩関節の可動域トレーニング①

回数 ▪左右20回ずつ

ポイント 動きは小さく、
ヒジを体側につけたまま。

1 横になって寝て、ヒジを体側につけて500mℓのペットボトルを持つ。

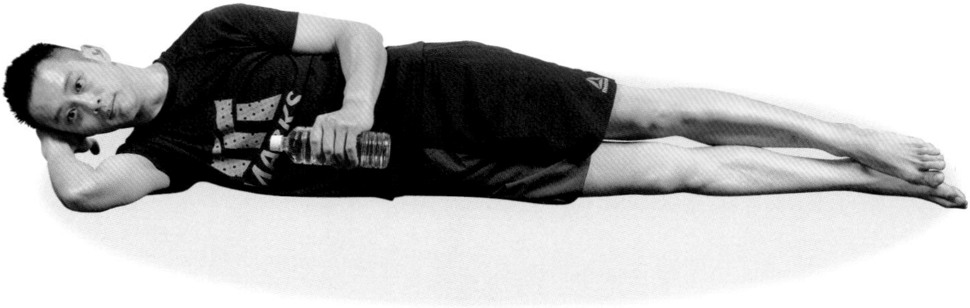

2 ヒジを体側につけたままペットボトルをヒジの高さまで上げる。肩の後ろに効かせる。

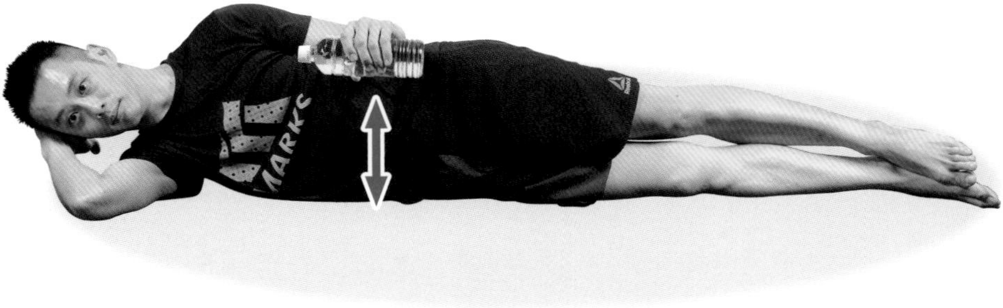

肩関節の可動域トレーニング②

回数 ▪30回

ポイント 肩を支点に小さい動作で上げ下げする

1

前傾姿勢になり両手で500mℓペットボトルを持ち両手を斜め前に伸ばす。

2

肩を支点に小さい動きでペットボトルを上下。肩に効かせたいので肩甲骨は寄せない。

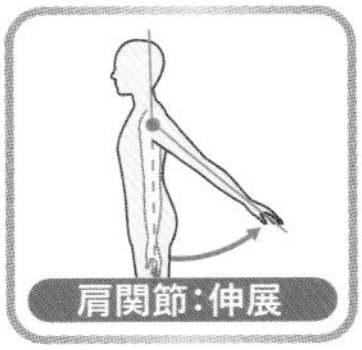

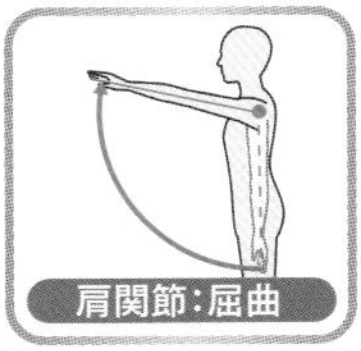

肩関節の可動域トレーニング③

回数
- クロール50回
- 背泳ぎ50回

ポイント 意識は手ではなく肩に向ける。

1

500mℓペットボトルをつかんで立つ。クロールのように交互に前に50回ほど回す。

2

クロールの次は背泳ぎのように両手を交互に後ろ向きに50回ほど回す。

股関節を締めて安定させる

軸足1本でも安定して立つには、中臀筋や内転筋群の働きが欠かせない。

二足歩行をしていると、上半身の体重の多くは股関節にかかる。そのため股関節を締めて、直立姿勢の安定性を高めたい。

【ターゲットとなる筋肉】

1

大臀筋
（だいでんきん）

尻の後ろにある筋肉。骨盤を後ろから支え、野球動作全般に関与する。

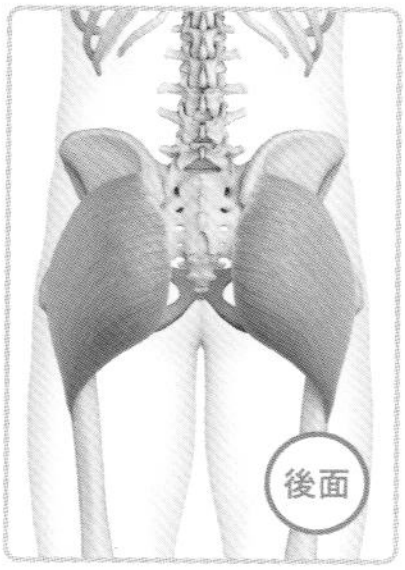

2

中臀筋
（ちゅうでんきん）

尻の横にある筋肉。主に片足立ちで骨盤を水平に保つときに働く。

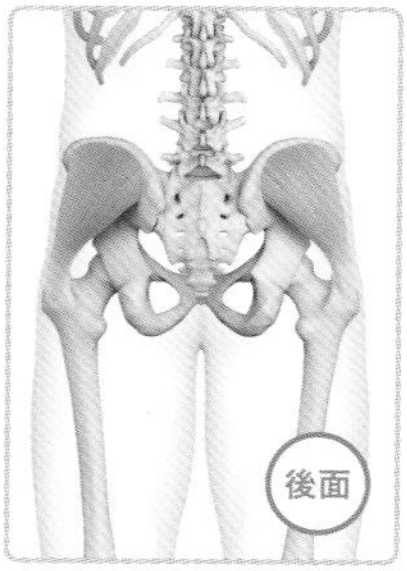

3

内転筋群
（ないてんきんぐん）

内ももにある筋肉の総称であり、骨盤と大腿骨（太ももの骨）をつなぐ。

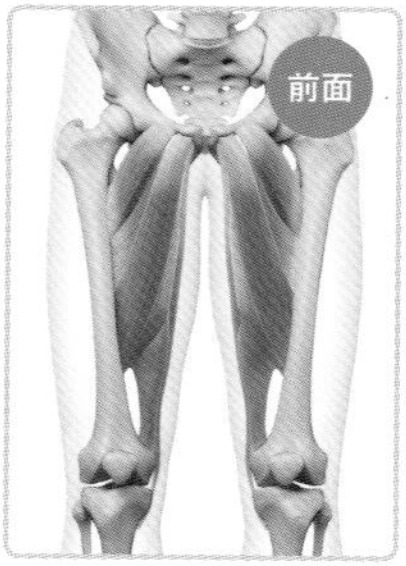

4

腹横筋
（ふくおうきん）

腹部深部にあり背骨から腹まで囲むようにつく。腹圧を調整している。

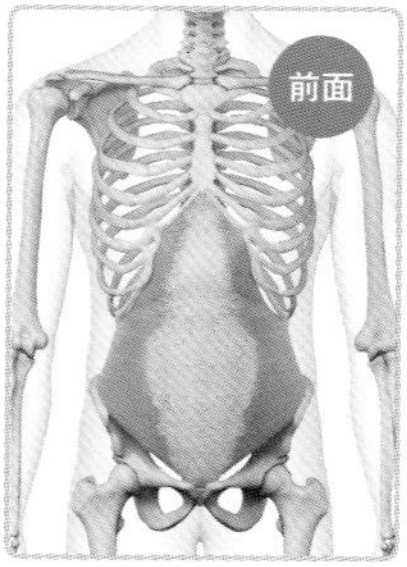

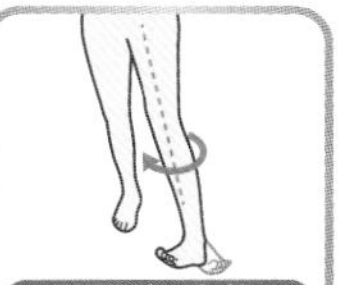

股関節：内旋

股関節の可動域トレーニング①

回数 ▪30回

ポイント ヒザではなく股を閉じる意識でおこなう。

1

仰向けになりヒザにゴムボールをはさむ。

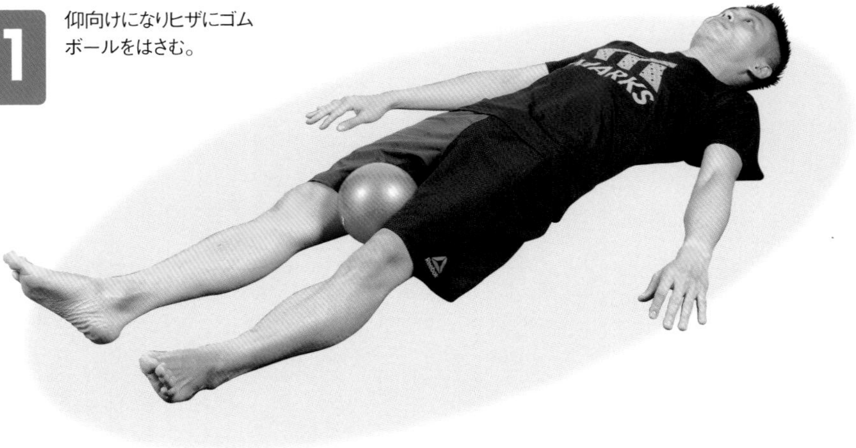

2

内転筋を使ってボールをつぶす。ヒザではなく股を閉じる意識でおこなうことが大切。

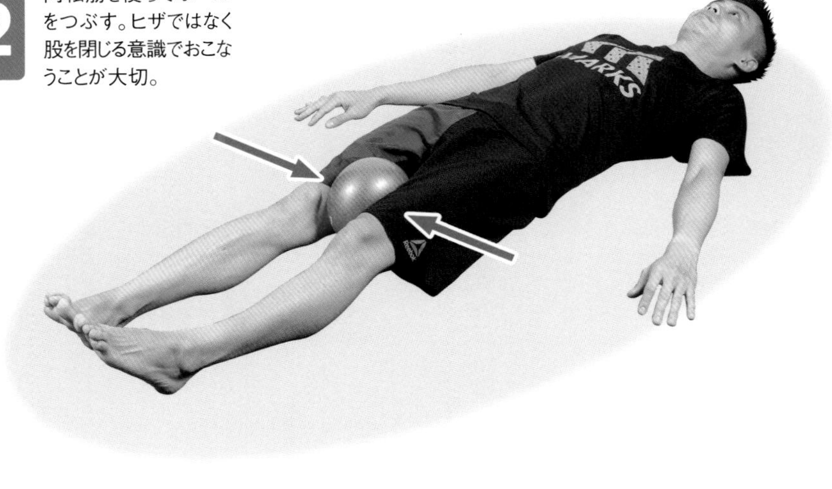

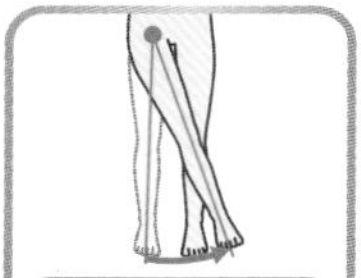
股関節:内転

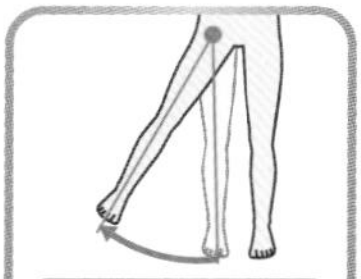
股関節:外転

股関節の可動域トレーニング②

回数 ▪10往復

ポイント 骨盤を固めた状態をキープする。

1

仰向けになり、両手を広げて床につく。両足は浮かせて伸ばす。

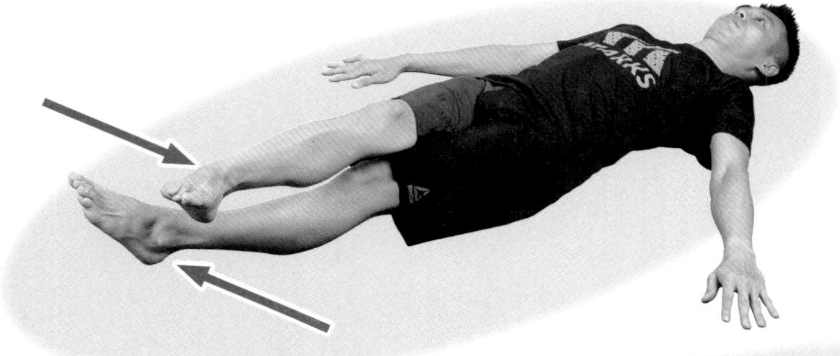

2

両足を伸ばしたまま、上下を変えて交互にクロスさせる。骨盤が動かないように固定させる。

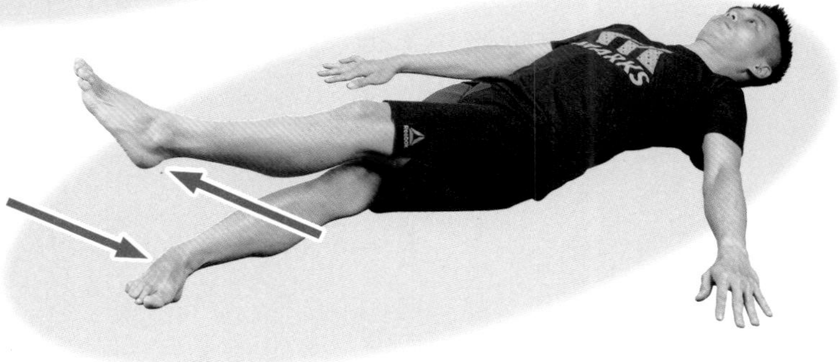

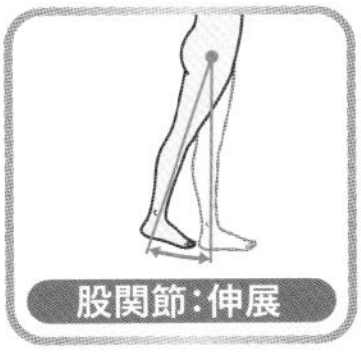
股関節：伸展

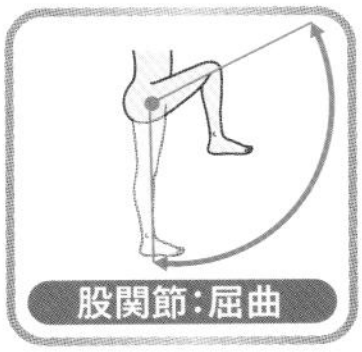
股関節：屈曲

股関節の可動域トレーニング③

回数 ▪20往復

ポイント ヒザをつま先より前に出さない。

1

両手を腰に当てて相撲の四股踏みをおこなう。つま先は斜めに広げ内転筋に効かせる。

2

カラダの軸がぶれないように意識して、左右交互に足を上げる。ヒザを前に出しすぎないように。

膝・足関節を締めて安定させる

踏み出した足の膝関節が外に開いたり、足関節が傾くと地面をしっかり踏み込めない。

地面から効率よく反力を得るには、膝関節や足関節が安定している必要がある。とくに踏み出し足を着いたときの安定性が大切になるので、しっかりトレーニングしておこう。

【ターゲットとなる筋肉】

1

大腿四頭筋
(だいたいしとうきん)

骨盤からヒザまでをつなぐ長い筋肉群。膝関節屈曲など、主に足を着地させる動作で働く。

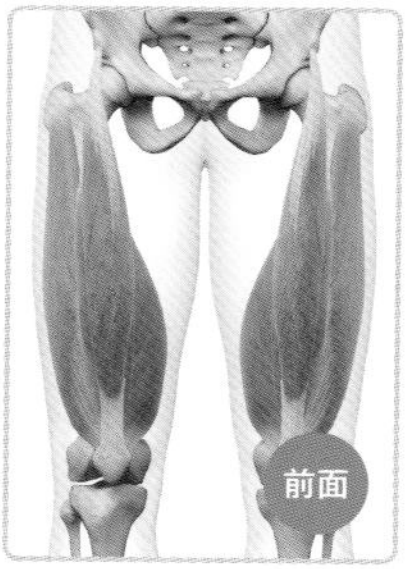

2

ハムストリング

太もも裏にある筋肉群。膝関節伸展など、主に地面を蹴り上げる動作で働く。

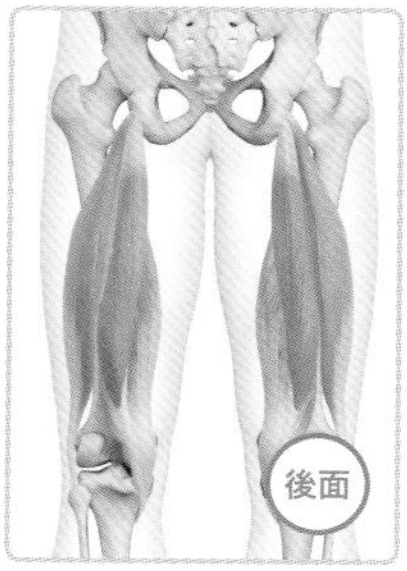

3

腓腹筋
(ひふくきん)

ふくらはぎの筋肉。主にかかとを上げたり、跳躍動作で働く。

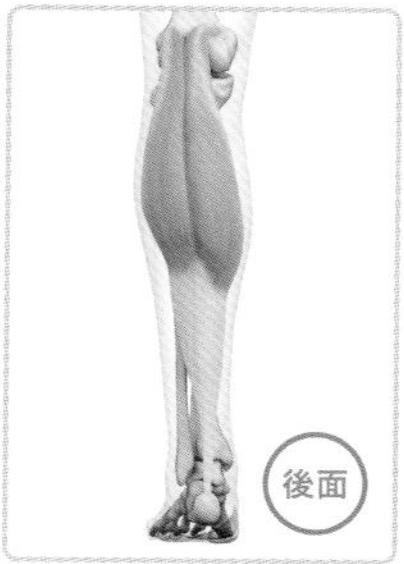

4

足の内在筋
(あしのないざいきん)

足の裏にある筋肉の総称。主に母指球で地面をとらえるような動作で働く。

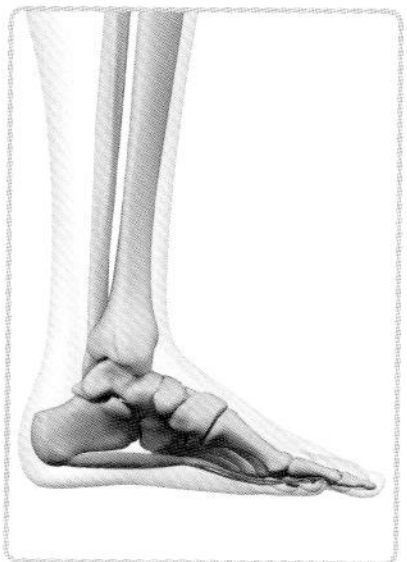

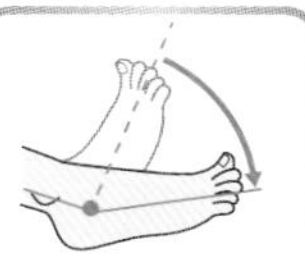

足関節：底屈

膝・足関節の可動域トレーニング①

回数 ▪左右10回ずつ

ポイント 大きく指を反らせる動きを意識する。

1

イスに座り、床にタオルや新聞紙を敷いて、その上に片方の足を乗せる。

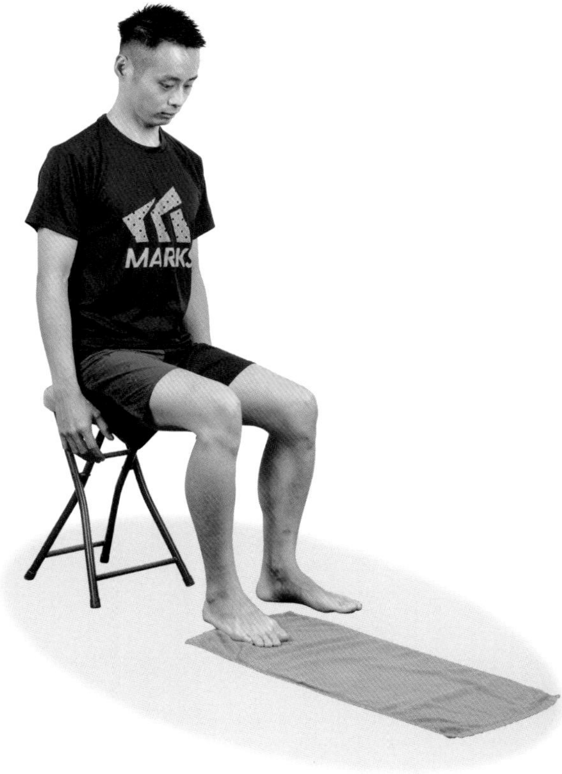

2

足の指を使ってタオルや新聞紙を丸める。指を丸めるだけでなく、反らせる動きを意識。

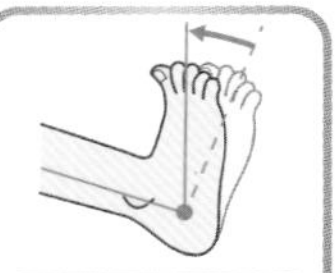

足関節：背屈

膝・足関節の可動域トレーニング②

回数 ▪30回

ポイント 足の指で地面をしっかり押す動作を意識。

1

直立姿勢から、足の指で地面をしっかり押してかかとを上げる。慣れるまでは壁に手をついてもよい。カラダの軸をまっすぐ保っておこなう。

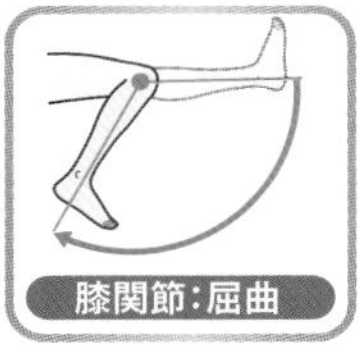

膝・足関節の可動域トレーニング③

回数 ▪30往復

ポイント できるだけ低い姿勢をキープする。

1 横方向へ跳んだら、足とヒザを固めてすぐに逆方向へ跳ぶ連続サイドステップ。できるだけ低い姿勢をキープするが、必要以上に沈み込まない。また着地時にカラダが外側へ傾かないようにする。

監修

平野裕一
(ひらのゆういち)
法政大学スポーツ健康学部
スポーツ健康学科教授

東京大学硬式野球部監督、同大学教育学部助教授、国立スポーツ科学センター 副センター長を経て、現職に至る。野球を中心とした競技スポーツのバイオメカニクスとトレーニング科学を専門としている。

STAFF

制作
BeU合同会社
デザイン
三國創市
撮影
志賀由佳
長尾亜紀
撮影協力
東芝硬式野球部
企画編集
成美堂出版編集部
(原田洋介・池田秀之)

ピッチング 完全版

監　修　平《ひら》野《の》裕《ゆう》一《いち》
発行者　深見公子
発行所　成美堂出版
〒162-8445　東京都新宿区新小川町1-7
電話(03)5206-8151 FAX(03)5206-8159
印　刷　広研印刷株式会社

ISBN978-4-415-33257-4
落丁·乱丁などの不良本はお取り替えします
定価はカバーに表示してあります